CONSILIA · Lehrerkommentare

Herausgegeben von Hans-Joachim Glücklich

Heft 1

Hans-Joachim Glücklich

Catulls Gedichte im Unterricht

Interpretationen und Unterrichtsvorschläge

2., verbesserte Auflage

V&R

Vandenhoeck & Ruprecht in Göttingen

INHALT

I. DIDAKTISCHE ÜBERLEGUNGEN

1. Die Catull-Lektüre an der Schule

Kaum ein lateinischer Autor spricht Schüler und Lehrer mit seiner inhaltlichen Thematik, seiner Frische, seinem Witz und seinem Engagement so leicht und unmittelbar an wie Catull. Kaum ein lateinisches Werk ist durch die Überschaubarkeit seiner Teile so gut handhabbar wie Catulls Gedichte. Es kommt darauf an, diese günstige Ausgangssituation zu nutzen und durch die Arbeit an Gedichten Catulls die Erwartungen und Bedürfnisse der Schüler, der Fachwissenschaft (hier als Literaturwissenschaft verstanden) und der Gesellschaft (wie sie sich in den für alle Lehrpläne und Fächer verbindlichen obersten Lernzielen zeigen) gerecht zu werden.

Catulls Gedichte haben als hauptsächliches Thema die Liebe in all ihren Ausprägungen, ebenso die damit verbundenen Probleme des Obszönen und der Verleumdung durch sexuelle ‚Enthüllungen‘. Zum rechten Verständnis muß man dabei den gesellschaftlichen Hintergrund der Zeit Catulls und ebenso — weil sie unser Textverständnis beeinflussen — unsere gesellschaftlichen Verhältnisse, unsere Einstellung zu Liebe und Sexualität berücksichtigen. Daraus ergibt sich: (1) Die Liebe und die mit ihr verbundene Sexualität müssen tatsächlich zum Thema gemacht werden; es darf nicht nur ein (angeblicher) Liebesroman zwischen Catull und Lesbia nachgezeichnet werden; der Inhalt darf auch nicht nur unter ausschließlich literarischen Gesichtspunkten betrachtet werden. — (2) Andererseits müssen Inhalt und Ziel der einzelnen Gedichte, ihr Beitrag zum Thema und ihr Verhältnis zu Catulls und zu unserer Zeit durch strenge sprachliche, stilistische und komparative Methoden herausgearbeitet, methodische Fähigkeiten also entwickelt und gesichert werden. In einem fortgeschrittenen Stadium der Catull-Lektüre, bei der Catull-Lektüre in Oberstufenklassen auch schon in einem früheren Lektürestadium, sollte daher auch auf Catulls eigene Äußerungen zur Dichtung eingegangen werden. Die Dichtung ist seine Art, sich zu artikulieren und Eindrücke zu verarbeiten. Liebe und Sexualität sind also hier mit einer hohen kulturellen Ausdrucksform verbunden und nicht von ihr zu trennen.

2. Erläuterungen zur thematischen Ausrichtung der Catull-Lektüre

Catull-Lektüre unter dem Thema ‚Formen und Stufen der Liebe‘ mit einigen Erweiterungen und altersentsprechenden Verzweigungen entspricht dem Inhalt der Gedichte, der Interessenlage der Schüler und den Anforderungen verschiedener Lehrpläne. Welch umfassende Bedeutung das Thema hat, ist in der Einleitung zur Textausgabe dargestellt. Es erfüllt damit exemplarisch vielerlei Forderungen und hat einen motivierenden Effekt, der weit über Äußerliches hinausgeht, dem Schüler dauerhafte Eindrücke von der Bedeutung der Inhalte lateinischer Texte und dem Wert der präzisen Textarbeit vermittelt. Die Arbeit an Catull-Gedichten und die sich dabei ergebenden Erkenntnisse über Catulls Zeit und über unsere Zeit können einen Satz Gordon Rattray Taylors beweisen: „Das wechselnde Verhalten des Menschen zu seinen sexuellen Trieben zeigt zugleich, wie er sich zu seinen schöpferischen Impulsen verhält. Seine Haltung gegenüber diesen Triebkräften färbt seine ganze Gesellschaftsordnung, seine Politik, seine Kunst und seine Religion."

Eine Berücksichtigung solcher Gesichtspunkte bedeutet keinesfalls, daß hier die Inhalte des Lateinunterrichts von anderen Inhalten überlagert werden oder daß hier an den Lateinunterricht Dinge von außen herangetragen werden, um ihn tatsächlich oder scheinbar attraktiv zu machen. Lateinunterricht ist ungeachtet seiner Anforderungen an Konzentration, Fleiß, organisierten Arbeitseinsatz, systematische Erschließungs- und Analysearbeit und genaue sprachliche Beobachtung und Formulierung attraktiv (zum Teil gerade wegen der genannten Anforderungen) — er ist attraktiv, wird er nur in seiner Ganzheit gesehen. Ihn in seiner Ganzheit zu sehen, heißt, die Sprache der Texte als Ausdruck eines teils fremden, teils dem heutigen ähnlichen Denkens zu betrachten, sprachliche Arbeit als Weg zu genauem Inhaltsverständnis und eigene sprachliche Formulierung als Ausdruck genauen Verständnisses, eigener Denkarbeit und der Freude am Inhalt und an der Beschäftigung mit ihm. Und so darf es keinesfalls dazu kommen, daß Catulls Gedichte nur als literarische Erscheinung ohne Bezug zum römischen Leben und ohne Bezug zum heutigen Leser behandelt werden. Denn so sehr sie höchst kunstvolle Gebilde sind — auch da, wo sie sich nicht so geben — und so sehr es ein Fehler wäre, in eine einseitige Erlebnisästhetik oder biographische Deutung zu verfallen, so sehr wäre es andererseits falsch, nur die bewußte Planung und intelligente Gestaltung seiner Gedichte zu betrachten, jedoch abzusehen von ihrer Wirkung auf die Römer, von ihren Bezügen zu ihrer Zeit, von den plastischen Umrissen, in denen hier ein Mensch — sei es auch nur fiktiv — vorgestellt wird, und von den Eindrücken, die dies auf den lesenden Schüler, auf seine Haltung zu den Inhalten und auf seine Verarbeitung ähnlicher Erlebnisse hat oder haben kann.

Den Wert der Auseinandersetzung mit Inhalten der sogenannten Sexualkunde oder besser gesagt mit seelischen, ethischen und sozialen Erscheinungen der Liebe haben auch die Autoren einschlägiger Richtlinien erkannt und ihre Empfehlungen entsprechend gestaltet. So heißt es in den besonders ausführlichen und fundierten rheinland-pfälzischen Richtlinien (S. 10): „Die geisteswissenschaftlichen Fächer können bei kritischer Betrachtung der Literatur mannigfache Fragen der Sexualität behandeln, vor allem, wo Liebe und Zuneigungsformen Gegenstand lyrischer, epischer und dramatischer Literatur sind und wo sexuelle Verhaltensweisen ganz oder teilweise ein literarisches Werk bestimmen. Dies gilt für die deutsche wie für die fremdsprachige Literatur. Auch das strittige Problem des Obszönen in Kunst und Literatur sollte nach den Kriterien der künstlerischen Form und künstlerischen Absicht (in Abgrenzung zur Pornographie) gesehen werden." Daß hier etliches schon in einem Lateinkurs der Mittelstufe geleistet werden kann, soll und darf, ergibt sich aus dem in Catulls Gedichten liegenden Angebot, aus den Stoffplänen in den sexualkundlichen Richtlinien und aus der Tatsache, daß das Kurssystem der Oberstufe keinesfalls die Zuweisung sexualkundlicher Themen nur an wenige Fächer zuläßt, da sonst die Gefahr besteht, daß Schüler, die diese Fächer nicht gewählt haben, gar nicht erreicht werden.

Die Notwendigkeit der Sexualerziehung wird so begründet (S. 11 f.): „Die Notwendigkeit der Sexualerziehung ergibt sich daraus, daß die Sexualität ein

4

sehr wichtiger Bereich des menschlichen Lebens ist und daß der Umgang und die Erfahrung mit der Sexualität die Entwicklung und das Umweltverhalten des Menschen entscheidend mitbestimmen. Da jede Erziehung eine Erziehung zur eigenverantwortlichen, kritischen und lebenstüchtigen Persönlichkeit bewirken will, können die Wirkungen der Sexualität und damit die Sexualität selbst nicht aus der Erziehung ausgeklammert werden."

Daß Staat und Schule ein Recht haben, Sexualerziehung zusätzlich zu den Eltern zu übernehmen, wird damit begründet, daß nicht alle Eltern diese Erziehung in gleicher Qualität leisten können, dadurch ein soziales Gefälle von sachlich erzogenen über halbwissende bis zu ganz ungenügend unterrichteten Heranwachsenden entsteht und sich für die Benachteiligten unkorrigierbare negative Folgen für ihre Persönlichkeitsentwicklung ergeben können. Außerdem müsse Sexualerziehung immer auch den Veränderungen der Gesellschaft entsprechen oder sie berücksichtigen, wozu nicht alle Eltern in der Lage seien, weil sie entweder selbst keine oder keine ausreichende Sexualerziehung erfahren haben oder zu sehr einer überholten Tradition verbunden sind. Es sei aber eine wesentliche Aufgabe der Schule, die Jugendlichen auf ihre spätere Rolle in der Gesellschaft vorzubereiten. „Dieser entscheidende soziale Aspekt begründet das Tätigwerden der Schule auch auf dem Gebiet der Sexualerziehung."

Ein Catull-Kurs kann diesen Zielen hervorragend dienen. Viel unbefangener als persönliche Erlebnisse und Stellungnahmen im Bereich der Liebe (die bei diesem Thema zu Recht aus dem Unterricht ferngehalten oder nur mit einem kleinen Anteil bedacht werden, vgl. Texteinleitung, Abschnitt 5) lassen sich Beobachtungen zu den in Catulls Gedichten dargestellten Fremderfahrungen formulieren und vortragen. Dadurch kommen eine Diskussion und eine Erfahrungserweiterung auf geistig und sprachlich hohem Niveau zustande.

Die Angaben im Wort- und Sachverzeichnis, in der Texteinleitung und in den Begleittexten des Kommentars dienen ebenso wie die Arbeitsaufträge diesem Ziel umfassender und abgerundeter Information und der Ausbildung methodischen Verhaltens gegenüber Texten; aus beidem kann die dargestellte Mündigkeit erwachsen. Ein Bereich ist freilich weitgehend in den Arbeitsaufträgen ausgespart, in den Begleittexten jedoch ausdrücklich oder immanent berücksichtigt: der Bereich der Normen. Bei der Vielfalt möglicher Normen in der heutigen Gesellschaft wäre es eine unerträgliche Beschränkung der Arbeitsmöglichkeiten in dieser Ausgabe, sollten hier auch ganz bestimmte Normen vermittelt werden. Sie werden von Schülern und Lehrern ohnehin an die Texte und Begleittexte und überhaupt an die gesamte Thematik herangetragen werden. Empfehlenswert sind sicher eine Haltung der Aufgeklärtheit und der Nächstenliebe an Stelle von Voreingenommenheit oder verengter Emotionalität. Aber auf alle Fälle gilt, was die erwähnten Empfehlungen zur Sexualerziehung so formulieren: ‚Da die Schule zur Freiheit der Entscheidung in Verantwortung erziehen will, kann sie dem Heranwachsenden diese Entscheidung nicht abnehmen durch bloße Ausrichtung auf fixe Modelle sexuellen und sozialen Verhaltens. Voraussetzung ist auf jeden Fall die zureichende Information und die Entwicklung einer sprachlichen Ausdrucksfähigkeit, die nach sachlicher Diskussion einen Überblick vermitteln und eine Sicherheit im Urteil anstreben soll. Aber über das Aufzeigen vorhandener ethischer Einstellungen hinaus kann und soll die Schule keine endgültigen Festlegungen auf bestimmte weltanschauliche Normen der Sexualität erzwingen wollen.'

Literatur:

Borneman, E.: Das Patriarchat. Ursprung und Zukunft unseres Gesellschaftssystems, Frankfurt am Main 1975.

Fromm, E.: Die Kunst des Liebens, Frankfurt am Main 1979 (Ullstein Buch Nr. 258) (engl. 1956).

Gößwein, U.: Familien- und Sexualerziehung im Lateinunterricht am Beispiel eines Martial-Modells für die Kollegstufe, in: Familien- und Sexualerziehung in den bayerischen Schulen, Bd. 4: Hilfen für den Unterricht in den Gymnasien, Donauwörth 1982, 151—166.

Kultusministerium Bayern: Bekanntmachung über Richtlinien für die Sexualerziehung in den Gymnasien (KMBl 27. 3. 1969, 379 ff.).

Kultusministerium Nordrhein-Westfalen: Richtlinien für die Sexualerziehung in den Schulen des Landes Nordrhein-Westfalen (Amtsbl. 6/1974. = Einzeldruck Köln 1974).

Kultusministerium Rheinland-Pfalz: Sexualerziehung in Rheinland-Pfalz. Richtlinien, Erläuterungen und Literaturhinweise für Eltern, Lehrer und Schüler, Mainz 1970 (Kulturpolitik in Rheinland-Pfalz, Heft 4).

Sackser, D.: Die nordrhein-westfälischen Richtlinien zur Sexualerziehung in den Schulen — eine kritische Stellungnahme: MNU (Mathematisch-naturwissenschaftlicher Unterricht) 31. 7. 1978, 402—406.

von Schumann, H.-J.: Sexualkunde und Sexualmedizin in der klassischen Antike. Auswertung der griechischen und lateinischen Originalquellen und der Sekundärliteratur, München 1975.

Taylor, G. R.: Im Garten der Lüste. Herrschaft und Wandlungen der Sexualität. Mit einer Einleitung von Alexander Mitscherlich, Frankfurt am Main 1970 (engl. 1953).

3. Systematischer Überblick über die Catull-Lektüre

Es läßt sich daher die folgende Darstellung von Gründen, Zielen und verschiedenen Abläufen der Catull-Lektüre in Abhängigkeit von Schüler- und Lehrerwünschen, Jahrgangsstufe und entsprechenden Lehrplanforderungen geben:

Thema: Formen und Stufen der Liebe in poetischer Gestaltung
Text: Gedichte Catulls (mit Zusatztexten)

1. Begründung des Themas und der Catull-Lektüre

1.1   Die Lektüre ausgewählter Catullgedichte führt an anschaulichen und in der Textgestalt nicht zu schwierigen Beispielen in die Sprache und in die Kommunikationsform der Lyrik ein.

1.2   Sie führt in grundlegende Techniken der Gedichtinterpretation ein.

1.3   Sie fordert die inhalts- und interpretationsbezogene Anwendung sprachlicher Kenntnisse und sprachlicher Beobachtungsarbeit.

1.4   Sie bietet nach der politisch-historischen Lektüre einen Einblick in die private Welt eines jungen Römers vor dem sozialen Hintergrund der römischen Gesellschaft.

1.5   Sie vermittelt einen Einblick in Formen und Stufen der Liebe und in ihre individuellen und sozialen Implikationen.

1.6   Sie vermittelt zugleich einen Einblick in die Bedeutung des Eros für Lebensauffassung und Lebensführung.

1.7 Das Fortbestehen der Formen und der Stufen der Liebe unter veränderten oder konstanten individuellen und sozialen Implikationen ermöglicht einen distanzierten und objektivierten Einblick in die eigene Entwicklungs- und Gefühlssituation.

1.8 Die Beschäftigung mit Formen und Stufen der Liebe in einer poetischen Darstellung und mit dem Einfluß des Eros auf verschiedene Lebensbereiche ermöglicht den Gedanken- und indirekt den Erfahrungsaustausch über dieses Gebiet und entspricht damit den in den Richtlinien für die Sexualerziehung aufgestellten Forderungen.

1.9 Die Catull-Lektüre unter dem genannten Thema verbindet somit fachbezogene und fachübergreifende Ziele sowie kognitive Zielsetzungen und affektive Unterrichtskomponenten. Sie ist dadurch geeignet, die Einsicht in eigenes und fremdes Verhalten sowie eine tolerante und verantwortungsbewußte Lebensführung zu fördern.

2. Lernziele der Catull-Lektüre unter dem Gesichtspunkt ,Formen und Stufen der Liebe in poetischer Gestaltung'

2.1 Sprachlich-literarische Lernziele

2.1.1 Kenntnis stilistischer Mittel und Fähigkeit, sie für die Interpretation auszuwerten.

2.1.2 Einsicht in die Funktion morphologisch-syntaktischer Erscheinungen für die Wirkung eines Gedichts und Fähigkeit, aus der Beobachtung solcher Erscheinungen Rückschlüsse auf den Charakter eines Gedichts zu ziehen (z. B. durch Beobachtung der Tempora, der Modi, des Satzbaus).

2.1.3 Fähigkeit, die den Gedichten jeweils zugrundeliegende Sprechsituation zu erschließen und für die weitere Arbeit am jeweiligen Gedicht zu berücksichtigen.

2.1.4 Einsicht in die Wirkung der Wortwahl und Fähigkeit, semantische Beobachtungen für die Interpretation auszuwerten.

2.1.5 Übung in der Fähigkeit zu linearer und zu satzübergreifender Texterschließung.

2.1.6 Einblick in das Problem der Spannung von Erleben und künstlerischem Ausdruck (z. B. durch Beobachtung von Vergleichen und der Verwendung literarischer Vorlagen, vgl. 2.1.1).

2.1.7 Einblick in das Problem der Gliederung von Gedichten und Fähigkeit, den Aufbau eines Gedichtes zu erkennen und zu interpretieren.

2.1.8 Fähigkeit, zwei oder mehr Gedichte miteinander zu vergleichen und dazu entsprechende Fragestellungen zu entwickeln.

2.1.9 Fähigkeit, eine Übersetzung mit dem Originaltext zu vergleichen und durch sprachliche Verschiebungen bewirkte Wirkungsveränderungen festzustellen.

2.1.10 Fähigkeit, mehrere Übersetzungen miteinander zu vergleichen und ihr Verhältnis zum Original herauszuarbeiten.

2.1.11 Kenntnis oder Einblick in häufiger verwendete Versmaße und Fähigkeit, ihren Beitrag zur Textaussage zu erkennen.

2.1.12 Einsicht in die Grenzen der Übersetzbarkeit lateinischer Texte.

2.1.13   Einblick in verschiedene Interpretationsrichtungen und in ihre Kriterien (vgl. dazu Textausgabe, Teil II, 7 A 7 und 7 B 2).

2.1.14   Einblick in die Abhängigkeit der Rezeption von persönlichen und zeitbedingten Interessen und Auffassungen.

2.1.15   Einblick in den Beitrag verschiedener Rezeptionen eines Werkes zum Verständnis des Werks und seines Inhalts und damit Einblick in das Wesen literarischer Kommunikation.

2.2   *Inhaltliche Lernziele*

2.2.1   Kenntnis der gesellschaftlichen Lebensumstände Catulls: mos maiorum, Stellung der Frau, Auffassung von der Ehe, Klientelwesen, Ämterlaufbahn.

2.2.2   Kenntnis der geschichtlichen Ereignisse zur Zeit Catulls: Parteiungen in Rom, Provinzverwaltung, Caesar, Pompeius, Cicero.

2.2.3   Einblick in kulturgeschichtliche Umstände zur Zeit Catulls: Entwicklung des griechischen kulturellen Einflusses, Verhältnis Römer — Griechen, otium — negotium, Rolle der Rhetorik, griechische Dichtung, die auf Catull Einfluß hatte, römische Dichter im Umkreis Catulls, soweit sie für die Erfassung seiner Intentionen wichtig sind (z. B. Lukrez, Neoteriker).

2.2.4   Einblick in eindeutig erkennbare private Lebensumstände Catulls: Heimat, soziale Stellung, Ausbildungsgang.

2.2.5   Einblick in römische und in nichtrömische Denk- und Verhaltensmuster.

2.2.6   Einsicht in die Stufen der Liebe, etwa in folgender Art: Sexualität als Zuneigung mit dem Schwerpunkt im Geschlechtlichen; Erotik als Zuneigung mit dem Schwerpunkt im Seelisch-Sinnhaften, jedoch eher egoistisch auf den Genuß der Eigenschaften eines anderen Menschen ausgehend; Philie als Zuneigung mit dem Schwerpunkt im Geistig-Seelischen, wobei der Liebende den geliebten Menschen in seiner Einzigartigkeit anerkennt, ihn nicht egoistisch genießen will, sondern seine eigene Persönlichkeit positiv entwickelt und ihm schenkt. Die jeweils höhere Stufe kann die vorhergenannten zum Teil einbeschließen. (Andere Einteilungen, insbesondere eine Zweiteilung in Sexus und Eros, sind möglich, Eros wird dann jedoch als nicht nur egoistisch verstanden.)

2.2.7   Einsicht in die Formen der Liebe, insbesondere in Heterotropie (Zuwendung zum anderen Geschlecht) und Homotropie (Zuwendung zum eigenen Geschlecht).

2.2.8   Einblick in die individuellen, gesellschaftlichen und kulturellen Bedingungen der Liebe und ihrer Beurteilung, z. B. Erziehung, Veranlagung, staatliche Zielsetzungen.

2.2.9   Einblick in die Bedeutung des Eros und des Verhältnisses zu ihm für die persönliche Lebensführung, für Kreativität (insbesondere im kulturellen Bereich) und für die Gestaltung verschiedener Gesellschaftssysteme.

3. Vorschlag für eine Textauswahl

Im folgenden wird das Hauptthema in verschiedene Einzelaspekte und entsprechende Unterrichtsphasen aufgeteilt. Daran werden einige weitere Phasen und Themenbereiche angeschlossen, die nicht unmittelbar dem Generalthema ‚Formen und Stufen der Liebe in poetischer Gestaltung' gelten, jedoch dazu dienen können, die Interpretationsfähigkeit und die Beurteilung Catullischer Gedichte durch Auseinandersetzung mit Catulls Selbstverständnis als Dichter zu vertiefen, oder aber zur Auflockerung und Abwechslung eingeschaltet werden können. Für jede Phase sind entsprechende Gedichte genannt. Dabei wird zwischen einem Basisangebot für die Durchnahme in der 10. oder 11. Jahrgangsstufe und im Grundkurs und einem Zusatzangebot für die zusätzliche Durchnahme in einem Leistungskurs unterschieden. Einiges davon ist wechselseitig austauschbar. Dennoch wird die genannte Aufteilung vorgenommen, damit bei sogenannten kombinierten Kursen (d. h. aus Leistungs- und Grundkursteilnehmern zusammengestellten dreistündigen Kursen, bei denen die Leistungskursschüler zwei weitere Stunden in der Woche haben) eine gemeinsame Linie und ein darauf bezogenes Zusatzangebot sichergestellt werden und damit eine erste grobe Unterscheidung zwischen einfacheren und früh einsetzbaren und schwierigeren und anspruchsvolleren Gedichten vorgenommen wird.

Phase	thematischer Aspekt	Inhalte 10/11/GK	Erweiterung
(1)	Die positive Deutung der Liebe als Anziehung zweier zusammengehöriger Teile, als Mittel der Persönlichkeitsausweitung und zeitweiliger Überwindung der menschlichen Endlichkeit. — Der persönliche, gesellschaftliche und metaphysische Bezug der Liebe (auch als Phase 2 denkbar).	c. 5; 7	Vergleich verschiedener Interpretationen
(2)	Die Wirkung der Liebe auf Seele und Körper, die sich zeigt — in der Tiefe der Empfindungen der Liebenden,	c. 2; 109	c. 51 und Vergleich mit Sappho 2 D; c. 45
	— in der Auffassung des Liebenden von Schönheit.	c. 43	c. 86
(3)	Die römische Gesellschaft: juristische Formen der Eheschließung und die Stellung von Mann und Frau.	c. 61 in Übersetzung oder zweisprachig sowie Referat	
(4)	Der Wunsch nach festerer Bindung, als sie durch die römische Eheschließung erfolgte.	Zusammenfassung der Ergebnisse aus Phase 2; c. 109; 107	
(5)	Enttäuschung, ihre verschiedenen Stadien und ihre Wirkung auf den Liebenden; das Denksystem des Liebenden und das der römischen Gesellschaft.	c. 8; 70; 72; 75; 87	Kontrast der epischen Gestaltung in c. 64,86—242, gekürzt oder zweisprachig

9

Phase	thematischer Aspekt	Inhalte 10/11/GK	Erweiterung
(6)	Die pessimistische Deutung der Liebe.		c. 76; 60
(7)	Homotropie als		
	— Homoerotik und	c. 9; 48	c. 50; 99
	— als Homophilie.	c. 30	c. 73
(8)	Erotisches Spiel	c. 83; 92	c. 3; 6; 32
(9)	Eros		
	— und Kultur		c. 50
	— und höfliche Umgangsform.		c. 32
(10)	Obszöne Sprache als Ausdruck der Unfähigkeit, die eigene Situation zu bewältigen, und als Kompensation.		c. 11
(11)	Sexualität und Obszönität im politischen und persönlichen Kampf zur Herabsetzung des Gegners.		c. 54; 29; 57; 24
(12)	Die Deutung des Eros in Auseinandersetzung mit mythischen und literarischen Beispielen.		c. 51 (vgl. Phase 2) und c. 64, 86—242 (vgl. Phase 5)
(13)	Catulls Selbstverständnis und seine Auffassung von Dichtung und Dichterberuf.	c. 6	c. 1; 16; 42; 49; 58; außerdem c. 50 (vgl. Phase 9) und 51 (vgl. Phase 2)
(14)	Catulls Äußerungen zu verschiedenen Personen und Gelegenheiten als Spiegel seiner Persönlichkeit und Reflex seines zentralen Liebeserlebens:		
	— Catull und die politischen Zustände		c. 29; 52; 93; außerdem Verweis auf Phase 11
	— Catulls Selbstironie	c. 10	
	— Catulls Zuneigung zu Freunden und seine Versöhnlichkeit		c. 96; außerdem Gedichte aus anderen Phasen, z. B. c. 1; 45.
	— Catulls Spott	c. 49	c. 53; 84
	— Catulls Trauer.		c. 101
(15)	Parallelen und Unterschiede zwischen den im Kurs erarbeiteten Ergebnissen und der Interpretation Catulls und seiner Werke		
	— in einer literarischen Rezeption		Thornton Wilder, ‚Die Iden des März‘
	— und in einer musikalischen Rezeption	Carl Orff, Catulli Carmina	

In der Textausgabe sind jedoch die Gedichte Catulls in ihrer überlieferten Reihenfolge belassen. Den Benutzern soll freie Hand in der thematischen Zusammenstellung gelassen werden. Darüber hinaus sollen die Schüler die überlieferte Anordnung erfassen können und die Reihenfolge der unterrichtlichen Behandlung als eine bewußte Zusammenstellung von Gedichten unter einem modernen thematischen Gesichtspunkt verstehen lernen.

Auch die Interpretationen sind in der numerischen Reihenfolge des *liber Catullianus* angeordnet. Eine Reihe von Gedichten läßt sich, wie die Übersicht über mögliche Kursverläufe zeigt, verschiedenen Phasen zuordnen. Auch andere als die in der Phaseneinteilung dargestellten Gesichtspunkte sind möglich. Die numerische Anordnung der Interpretationen erleichtert somit die Auffindbarkeit unabhängig vom thematischen Gesichtspunkt. Die Ausführungen zu den einzelnen Gedichten sind vorwiegend den Prinzipien der philologisch-historischen Werkinterpretation verpflichtet, nehmen Vergleiche mit anderen Gedichten vor und untersuchen den Beitrag zum Thema oder zum thematischen Aspekt einer Kursphase. Sie sind also ‚Schulinterpretationen‘, leisten sich aber öfters auch einen Beitrag zur Fachwissenschaft, von der bei weitem nicht alle Catullgedichte in gleicher Weise berücksichtigt worden sind.

4. Erläuterungen zu den Kursphasen

Folgt man einem Teil oder allen dargestellten Phasenaspekten, so werden die Ziele aus der Einleitung zur Textausgabe und zum Lehrerband, aus der Übersicht über mögliche Kursverläufe, aus den Einzelinterpretationen und aus den Begleitmaterialien des Kommentars ersichtlich. Einige Phasen erfordern jedoch einige zusätzliche, unterschiedlich lange Erläuterungen:

Phasen 1—6

Phase 1 und Phase 2 können wechselweise den Beginn bilden. Die Gedichte der Phase 2, vor allem c. 2, 109 und 43, bilden einen weniger prätentiösen Einstieg als c. 5 und 7. Hingegen sind c. 5 und 7 geeignet, von vornherein den Bezug Individuum — Gesellschaft — Ewigkeit deutlich zu machen. Will man an die Behandlung der Gedichte 5 und 7 eine Besprechung verschiedener Interpretationsrichtungen anschließen, so ist es in der 10. und 11. Jahrgangsstufe besser, diese Gedichte nicht an den Anfang zu stellen, weil es sonst zu früh zu einer größeren Unterbrechung des Hauptthemas kommt.

Nach der Arbeit an den Gedichten 5, 6 und 7 kann man die bisher gewonnenen Eindrücke von der Auffassung der Liebe und ihren Bezügen zusammenfassen: Komponenten persönlicher Art sind bei der Liebe: das Einsseinwollen mit der geliebten Person, die Möglichkeit, die eigene Person zu erweitern und zu entfalten, eine Art Unersättlichkeit. Als gesellschaftliche Bezüge haben sich ergeben: die Interdependenz von gesellschaftlicher Norm und individuellem Empfinden, die sich äußern kann als Konformität des individuellen Erlebens mit der Norm (in c. 6 möglicher Hintergrund und auf die Überprüfung wartend), als Kontrast von Norm und Individualität (c. 5), als Angst vor dem Anstoß bei der Gesellschaft (c. 5) und als Sehnsucht nach dem Entzug des eigenen Empfindens vor dem Wahrnehmen und Urteilen anderer (c. 5,

c. 6, c. 7). In allen Fällen nehmen gesellschaftliche Normen Einfluß auf das individuelle Verhalten und Urteilen und auf die individuellen Erwartungen an ein Liebesverhältnis. Als metaphysische Bezüge haben sich ergeben: die Überhöhung der eigenen Liebe unter einem kosmisch-ewigen Aspekt, der Vergleich der Liebe mit außermenschlichen Erscheinungen und die Sorge, die eigene Liebe könne nicht in die Planung höherer Mächte passen. Eine Reihe von Arbeits- und Vergleichsaufträgen (5 A 3—6, 7 A 6) legt solche Zusammenfassungen nah.

Schließlich sind im Verlauf der Arbeit sicher auch genügend interpretatorische Urteile gefällt und formuliert worden. Auch die Frage nach dem Realismus der Darstellung und dem ‚Wahrheitsgehalt' ist sicher aufgetaucht. Daher empfiehlt es sich, jetzt eine Reihe von Untersuchungen und Referaten in Auftrag zu geben, die sogleich oder später im Verlauf der Arbeit ins Plenum eingebracht und diskutiert werden können. Es geht dabei um einige Feststellungen zur Identität Lesbias und um das Erkennen von Interpretationskategorien und -richtungen. Die Identität Lesbias kann gemäß der Einleitung (Abschnitt 8) kurz behandelt werden. Es empfiehlt sich jedoch, sich erst einmal verschiedener Interpretationskategorien bewußt zu werden. Dem dienen die abgedruckten, sich in manchem widersprechenden Urteile zu den Gedichten 5 und 7. Welcher Interpretationsrichtung man sie jeweils ganz oder teilweise zuordnen kann, ergibt sich aus den Bemerkungen im dazugehörigen Arbeitsbogen sowie aus den ausführlichen Darlegungen bei Verf., Lateinunterricht. Didaktik und Methodik, Göttingen 1978 (Kleine Vandenhoeck-Reihe 1446), S. 13—18, 31—32; vgl. ders.: Interpretation im Lateinunterricht. Probleme und Begründungen, Formen und Methoden, in: Der altsprachliche Unterricht 30, 6, 1987, 43—59. Eine gute Darstellung zur Identität Lesbias und zu den Lesbiagedichten gibt E. A. Schmidt, Catull, Heidelberg 1985, 102—120; zur Wirkungsgeschichte a.a.O. S. 16—28.

Die Tendenz und die Wirkung der Gedichte aus Phase 1 und 2 läßt sich noch besser erfassen und einordnen, wenn man die normale römische Einstellung zur Ehe, zur Liebe und zur Frau kennt. Die Gedichte der Phasen 3 und 4 vermitteln hier diese notwendigen Erkenntnisse. Bei c. 61 mag eine zweisprachige Lektüre mit inhaltlicher Auswertung genügen. Auch Referate nach M. Kaser: Das römische Privatrecht. Erster Abschnitt. Das altrömische, das vorklassische und klassische Recht, München (Beck) 1955 (Handbuch der Altertumswissenschaft X 3, 3.1), S. 63 ff. und 266 ff., oder nach Ernest Borneman: Das Patriarchat. Ursprung und Zukunft unseres Gesellschaftssystems, Frankfurt am Main (Fischer) 1975, S. 394 ff. und 401 ff., sind möglich: bei Borneman wird man eine anregende Darstellung finden, die jedoch wegen der unterschiedslosen Akzeptierung aller Texte ohne Berücksichtigung ihrer Gattung und ihrer mehr oder minder großen Fiktionalität kritisch zu benutzen ist. In c. 109 und 107 erscheint Catulls Vorstellung überraschend christlich oder neuzeitlich-schwärmerisch.

In Phase 5 lernt man schließlich verschiedene Stadien der Enttäuschung, verschiedene Haltungen dazu und verschieden allgemeingültige oder individuell gehaltene poetische Darstellungen davon kennen.

Die Gedichte der Phase 6 sind vom Anspruch her einem Kurs der 11. oder 12. Jahrgangsstufe mehr angemessen als einem frühen Catullkurs.

Phase 7

Die Behandlung von Catullgedichten homophilen, homoerotischen oder homosexuellen Inhalts im Unterricht steht unter schwierigen Bedingungen, die teils vom Thema und vom Stand seiner wissenschaftlichen Erforschung, teils vom Stand unserer Kenntnisse über die Zeit der ausgehenden römischen Republik und über Catulls Leben herrühren.

Das Thema könnte bei manchen Lehrern und Schülern in Abhängigkeit von der Art ihrer Erziehung Vorbehalte hervorrufen. Und auch wem es nichts ausmacht, über das Thema zu sprechen, und wer dies sogar für notwendig hält, könnte manche derb-vulgäre Ausdrücke, die Catull benutzt, für nicht zitabel und somit das Gedicht, in dem sie vorkommen, für nicht besprechbar halten.

Über die Notwendigkeit, das Thema zu besprechen und über die Eignung gerade des Literaturunterrichts dazu, ist in diesem Buch (I 2) und in der Einleitung zur Textausgabe genügend gesagt. Die Berücksichtigung der Thematik verhilft sowohl zu einer verantwortlichen und toleranten Haltung als auch zu einem besseren Verständnis antiker Kultur und Literatur. Sie hat damit fachbezogene und fachübergreifende Ziele und wirkt direkt erzieherisch. Sie entspricht damit den Richtlinien für die Sexualerziehung, den lateinischen Lehrplänen und dem allgemeinen Erziehungs- und Bildungsauftrag der Schule. Zu Recht heißt es in einer Handreichung zur Sexualerziehung: „Die Betrachtung und Untersuchung der historischen, moralischen und anthropologischen Fundierungen gleichgeschlechtlicher Beziehungen vermag zum Verständnis zwischenmenschlicher Strebungen einen nicht unbedeutenden Beitrag zu leisten.' Und: ,Ohne Zweifel ist es ... notwendig, auf die gleichgeschlechtliche sexuelle Partnerschaft einzugehen, weil ihre Existenz und Praktiken so alt sind wie die Menschheit selbst. Vor allem kann die Versachlichung und Durchleuchtung der homosexuellen Situation manchen Heranwachsenden eine Hilfe zur Bewältigung eigener sexueller Probleme bieten' (L. Spanner: Homosexualität (Lesbische Liebe), in: Handreichungen zur Sexualerziehung C/9, Braunschweig (Fachverlag für pädagogische Information) 1972, S. 1). Die Behandlung kann also sowohl einem eventuell betroffenen Jugendlichen eine Hilfe sein als auch allen anderen Schülern, weil sie bestimmte grundsätzliche Erscheinungen in der Liebe in einer Art Verfremdung studieren können und zudem zu einer auf Einsicht beruhenden Sachlichkeit und Haltung der Nächstenliebe gelangen können.

Scharf muß man die Gedichte Catulls, deren Ziel die Darstellung eines Aspekts gleichgeschlechtlicher Zuwendung ist, von solchen Gedichten unterscheiden, in denen homosexuelle Handlungen oder ihre derb-vulgären Bezeichnungen dazu eingesetzt werden, andere zu verleumden, zu verhöhnen, auf jeden Fall anzugreifen. Die Gedichte der ersten Art sind durchaus mit Liebesgedichten heterotroper Art vergleichbar, die der zweiten Art sind Spott- oder Verteidigungsgedichte und mit solchen Gedichten vergleichbar, die obszönes Vokabular aus dem heterosexuellen Bereich verwenden und ebensowenig Liebesgedichte sind. Über die Umsetzung solcher Gedichte ins Deutsche finden sich kurze Bemerkungen auf S. 15.

Genaue Kenntnisse über die Einstellung der Römer und Catulls gegenüber der gleichgeschlechtlichen Liebe wären wichtig, um die Intentionen Catulls und die Wirkung seiner Gedichte richtig zu erfassen und voreilige Schlüsse zu vermeiden. Über die römische Gesetzgebung unterrichtet im Kommentar Begleittext 48 B 2. Er ist den Darstellungen von Mommsen, Williams, Kroll und Lautmann verpflichtet, die mit jeweils verschiedenen Zielrichtungen geschrieben sind. Für die dort kurz erwähnte Widerlegung falscher Bibelinterpretationen sei auf van de Spijker, vor allem aber Bailey hingewiesen, zur Frage von Normen auf Abschnitt 2 und 48 B 5 im Kommentar.

Manche Gedichte dieser Kursphase erlauben wohl auch eine weniger unter dem Aspekt der Homotropie stehende Interpretation. Das verwendete erotische Vokabular legt aber nahe, solche Aspekte in den Gedichten zu sehen. Wie bei den anderen Gedichten wird man sich auch hier hüten müssen, den realen Hintergrund voll erfassen zu wollen. Das Thema muß aber Catull nicht nur oder sogar nicht so sehr literarisch als vielmehr inhaltlich interressiert haben, wie Weinreich (Catull, Sämtliche Gedichte, S. 194) darlegt. Es muß Catull trotz offiziell eher ablehnender Haltung der Römer seiner Zeit nichts ausgemacht haben, die Gefühle weitgehender freundschaftlicher Zuneigung (wie in c. 30) darzustellen, Zuneigung und Bewunderung auch mit erotischem Vokabular zu umschreiben (c. 50), weil er den Zusammenhang von Bewunderung und Erotik sah, und schließlich auch die körperliche oder seelische Attraktivität seiner jungen Freunde und deren Wirkung auf einen anderen vorzuführen. Er drückt Erscheinungsformen menschlichen Verhaltens aus, und indem er sie einfühlsam und mit einem innerlichen Ton darstellt, durchbricht er wie bei den Gedichten auf Lesbia eine Barriere römischen Denkens.

Literatur:

Bailey, D. S.: Homosexuality and the Western Christian Tradition, London 1955.

Freund, K. Homosexualität, Reinbek 1969 (rororo sexologie 8013).

Kroll, W.: Knabenliebe: in: Pauly-Wissowa, Realencyklopädie, 21. Halbbd. (1921), S. 897–906.

Kroll, W.: Lesbische Liebe, in: Pauly-Wissowa, Realencyklopädie, 12. Bd. 24. Halbbd. (1925) S. 2100–2102.

Lautmann, R. (Hrsg.): Seminar: Gesellschaft und Homosexualität, Frankfurt am Main 1977 (suhrkamp taschenbuch wissenschaft 200), bes. S. 61–92 (G. Bleibtreu-Ehrenberg: Antihomosexuelle Strafgesetze. Zur Biographie eines Vorurteils).

Ministerium für Unterricht und Kultus Rheinland-Pfalz (Hrsg.): Sexualerziehung in Rheinland-Pfalz. Richtlinien, Erläuterungen und Literaturhinweise für Eltern, Lehrer und Schüler (Kulturpolitik in Rheinland-Pfalz. Schriftenreihe des Ministeriums für Unterricht und Kultus, Heft 4), Mainz 1970.

Mommsen, Th.: Römisches Strafrecht, Leipzig 1899, S. 703 f.

van de Spijker, H.: Die gleichgeschlechtliche Zuneigung. Homotropie, Homosexualität, Homoerotik, Homophilie – und die katholische Moraltheologie, Olten. Freiburg i. Br. 1968.

Williams, G.: Tradition and Originality in Roman Poetry, Oxford 1968, S. 551–557.

Wiseman, T. P.: Catullus and his World. A Reappraisal, Cambridge 1985, bes. S. 5–14 (unter dem generellen Thema ‚A World not ours‘ vernünftige Klarstellungen zu ‚Cruelty‘ und ‚Sexual *mores*‘).

Phase 8

Phase 8 erlaubt eine Entspannung und ordnet einige besonders hübsche Gedichte in das Thema ein.

Phase 9
Phase 9 macht sodann die Bedeutung des Eros auf verschieden hohen Stufen deutlich.

Phase 10
Phase 10 kann einige Einsichten zur Kompensationsfunktion obszöner Sprache und für Rückschlüsse aus obszönem Sprechen auf den seelisch-geistigen Zustand des Sprechers vermitteln.

Literatur:
Marcuse, L.: obszön. Geschichte einer Entrüstung, München (List-Taschenbücher 295/96) 1962.

Mertner, E. — Mainusch, H.: Pornotopia. Das Obszöne und die Pornogrophie in der literarischen Landschaft, Frankfurt am Main (Athenäum) 1970.

Wolffheim, H.: Sexualität in der Literatur, Hamburg (Lüdke) 1970 (Lynx-Druck 1).

Phase 11
Phase 11 zeigt die Bedeutung und einige Techniken der Invektive, insbesondere die sexueller ‚Enthüllungen'. Zugleich wird deutlich, daß Catull kein eigentlich politischer Mensch ist, seine Gedichte als Kampfmittel nur beschränkt tauglich sind, aber Rückschlüsse auf seine Persönlichkeitsstruktur zulassen. Die Begleittexte bieten Information und Interpretation. Die eventuelle Peinlichkeit der Umsetzung derb-vulgärer Ausdrücke in deutsches Gossenvokabular kann der Schülerkommentar dem Lehrer abnehmen. Das Vokabular selbst wird ja doch jedem Menschen im Laufe seines Lebens bekannt, unabhängig vom Bildungsstand und von der persönlichen Moralität. Der Kommentar kann also seinerseits bei den Vokabelangaben nicht so zurückhaltend sein, aber immerhin manchmal nüchtern den umschriebenen Sachverhalt und das Niveau des verwendeten Ausdrucks angeben, ohne ihn selbst zu übersetzen, ein anderes Mal wiederum eine vergleichbare deutsche Vokabel nennen und sich weitere Erläuterungen sparen. Eine weitergehende Zurückhaltung oder gar eine zu abgemilderte Übersetzung sind fehl am Platz, weil sonst bei der Übersetzung eine andere Textsorte und somit eine große Verfälschung des Originals entsteht. Obszöne Gedichte eignen sich allerdings kaum für den mündlichen Vortrag einer Übersetzung, sondern für eine schriftliche Übersetzung und für ein Verfahren der Texterschließung ohne Übersetzung (vgl. dazu Verf.: Satz- und Texterschließung, in: Der altsprachliche Unterricht 30, 1, 1987, 5—32).

Phase 12
In Phase 12 werden einige Gedichte, die schon in anderen Phasen vorgekommen sind, unter einem anderen Aspekt betrachtet. Der Eros erscheint als Thema, das die Menschen seit eh und je beschäftigt hat und dem das Denken des Volkes und der Dichter immer Ausdruck verliehen hat. Gleichzeitig kann man noch einmal eigens deutlich machen, daß überlieferte Mythen und Werke der Dichtung von Catull selbst als Mittel angesehen werden, eigene Situationen ‚wiederzuerkennen' oder in ihrer Unterschiedlichkeit gegenüber anderen zu erfassen. Damit hat Catull schon selbst in seinem Werk ausgedrückt, was eine wichtige Aufgabe der Dichtung und eine wichtige Wirkung der Beschäftigung mit Dichtung, auch und gerade der in der Schule, ist.

Phase 13

In Phase 13 stehen die poetologischen Gedichte im Mittelpunkt, das Verhältnis von Erleben, Denken und dichterischem Ausdruck, Ziele und Selbstverständnis Catulls, das Dreieck Autor — Werk — Publikum, die Rezeption durch das Publikum. Die Einleitung zur Textausgabe sagt bereits einiges dazu. Wer sich bei c. 16 die Probleme des Übersetzens ersparen will (vgl. Phase 11), kann auf eine Übersetzung zurückgreifen. Unbedingt notwendig ist seine Behandlung wohl nicht.

Phase 14

In Phase 14 sind einige Gedichte zusammengestellt, die gern gelesen werden. Einige wie c. 4 und c. 13 sind ausgelassen, können aber notfalls ohne Mühe ergänzt werden. Die in dieser Phase vereinigten Gedichte sind zum Teil auch schon einer anderen Phase zugewiesen worden. Sie können jetzt das Bild von Catull abrunden. Sie zeigen sein Gefühl auch bei anderen Anlässen als der erotischen Liebe, zeigen seine Fähigkeit, sich selbst zu beobachten. Sie können damit manche Eindrücke aus anderen Phasen bestätigen oder korrigieren. In manchen seiner Liebesgedichte könnte man nämlich den Eindruck bekommen, er setze sich und sein Gefühl ‚absolut‘ und sei zum Akzeptieren der Eigenarten anderer Menschen nicht fähig. In seinen politischen Gedichten wird dieser Eindruck bestätigt. In c. 96 und in all den Gedichten, in denen er sich selbst ironisch sieht, wird dieser Eindruck verändert. Catull erscheint — und das gilt sicher auch für viele der bewußt gestalteten Liebesgedichte — als Mann, der menschliche Verhaltensweisen und Schwächen beobachtet, versteht, durchaus nicht bessern oder ändern, wohl aber anschaulich darstellen und somit klarer erkennbar machen kann.

Phase 15

In Phase 15 sind von vielen möglichen Rezeptionen nur zwei genannt. Zur Begründung der Berücksichtigung der Rezeptionsgeschichte mag ein Verweis auf Verf., Lateinunterricht, Didaktik und Methodik Göttingen (Kleine Vandenhoeck-Reihe Bd. 1446), S. 33—36 genügen. Von literarischen Rezeptionen ließen sich auch die bei Ezra Pound (nur weniges), bei Fritz Graßhoff (Die klassische Halunkenpostille, München (dtv 417)), bei Lessing und anderen denken. Nur weniges ist in die Ausgabe aufgenommen, weil sich sonst eine zu starke Ausweitung und auch eine andere thematische Ausrichtung ergeben. Man könnte verschiedene Lebensauffassungen und Lebensgefühle vergleichen, wofür J. Klowski: Catull, Vaganten, Beatniks: AU XIX/4, 1976, S. 63—80, Anregungen gibt. Einzig aus Thornton Wilders ‚Die Iden des März‘ sind einige Passagen in die Ausgabe aufgenommen und sogleich ganz bestimmten Gedichten als eine mögliche Deutung und als Interpretationsansatz zugeordnet.

Einen Überblick über die Rezeption Catulls gibt O. Weinreich: Catull. Sämtliche Gedichte. Lateinisch und deutsch, München (dtv text-bibliothek 6028) 1974, S. 216—228.

Musikalische Rezeptionen gibt es mehr als allgemein bekannt. Hier werden nur Carl Orffs ‚Catulli Carmina‘ berücksichtigt, weil sie die bekannteste Catullrezeption auf dem Gebiet der Musik sind. Für alle anderen Rezeptionen und auch für Orff sei verwiesen auf:

Draheim, J.: Vertonungen antiker Texte vom Barock bis zur Gegenwart (mit einer Biblio-graphie der Vertonungen für den Zeitraum von 1700—1978), Diss. Heidelberg 1978, Amsterdam 1980 (Heuremata Band 7).

Thomas, W.: Orff-Bühne und Theatrum Enblematicum, in: Penkert, S. (Hrsg.): Emblem und Emblematikrezeption. Darmstadt 1968, S. 564—592.

Thomas, W.: Latein und Lateinisches im Musiktheater Carl Orffs, in: Der altsprachliche Unterricht 23, 5, 1980, 29—52.

Weinreich, O.: Catull. Sämtliche Gedichte. Lateinisch und deutsch, München (dtv text-bibliothek 6028) 1974, S. 228—241, gestützt auf

Wille, G.: Musica Romana. Die Bedeutung der Musik im Leben der Römer, Amsterdam (Schippers) 1967, S. 220—225.

Für die Ausführungen zu Orffs Catulli Carmina ist der Verfasser Klaus Minden (Mainz) verpflichtet, auf dessen Vortrag anläßlich einer Kooperation zwischen den Fächern Latein und Musik sie beruhen. Sehr akzeptabel sind auch die anders ausgerichteten Ausführungen und Vorschläge von Werner Thomas (1980). Orffs Catulli Carmina werden wohl nicht einzeln, sondern ganz oder in größeren Abschnitten gespielt und mit der im Unterricht erarbeiteten Interpretation verglichen werden können. Das Werk bedeutet inhalt-lich zunächst eine Verengung gegenüber Catull, insofern eine Art Liebesroman nachgezeichnet wird (was nicht Absicht der ursprünglichen Einzelvertonungen war). Es bedeutet aber auch eine Catull adäquate oder ihn übersteigende Interpretation, weil sein Fall zum Exempel der ewig neuen Erfahrung der Liebe gemacht wird. Catulls Werk wird dadurch in einem höheren Sinn gerechtfertigt und ein Beispiel für die Bewältigung, Überwindung und Erhö-hung menschlicher Erfahrung in der Kunst. Thorton Wilder (vgl. 1 B 1) läßt Catull in einem fingierten Brief an Clodia sagen: „Ich kann nicht mit Dir un-tergehn, weil mir noch eins zu tun bleibt. Ich kann noch immer dieses Weltall schmähen, das uns schmäht. Ich kann es schmähen, indem ich etwas Schönes schaffe. Das werde ich tun; und dann der langen Kreuzigung des Geistes ein Ende machen."

II. INTERPRETATIONEN

---

c. 1

Gliederung:

1— 2:   Frage
3— 7:   Antwort mit Begründung
8—10:   Schlußfolgerung mit Wunsch

Interpretation:

C. 1 verwendet zunächst die Doppeldeutigkeit der Ausdrücke aus dem
Schriftwesen und ist schon damit programmatisch. Es kennzeichnet Dichter
und Werk als Vertreter des feinen, arbeitsreichen Stils kleiner Werke und der
poetae novi: Die Papyrusrolle wird mit der Verkleinerungsform *libellus* bezeichnet, sie ist ‚neu' (modern) und zierlich, anmutig, ‚*lepidus*', was schon in
Wort und Etymologie auf das programmatische *katà   leptón (κατὰ λεπτόν)*
des Kallimachos verweist; sie ist geglättet, *expolitum*, was Arbeit voraussetzt.
Catull suggeriert, er frage sich, wem er sein Werk widmen könne (welchen
Umfang es dabei hat, ob das ganze uns erhaltene oder nur ein Teil gemeint
ist, muß offen bleiben), und er gestaltet seinen Entschluß, es Cornelius
Nepos zu widmen, als spontane Eingebung. Viele Gründe werden dann nachträglich für diese Widmung angeführt. Nepos hält von Anbeginn etwas von
Catulls Gedichten (*iam tum ...*), er ist bei dieser Wertschätzung geblieben
(*solebas*). Er kann in einer gewissen Kongenialität den Aufwand an Forschung und Gelehrsamkeit (*doctus*) und Arbeit (*laboriosis*) erkennen, der
auch in Catulls Werk notwendig und vorherrschend ist, auch wenn er Werke
eines ganz anderen Genres schreibt. Er ist also ein adäquater Leser.
Bescheidenheit mischt sich mit Stolz, wobei die Bescheidenheit wohl eher
understatement ist, gezeigt in der selbstbewußten Sicherheit der Qualität seiner Gedichte, deren Beurteilung nun anderen ohne preisende Empfehlung anheimgestellt wird (es sei denn, in den Hinweisen über Arbeit und Gelehrsamkeit liegt eine Anpreisung): *nugae* nennt er seine Werke, des Nepos Urteil
wird nur mit *esse aliquid putare* umschrieben, mit *quidquid qualecumque*
enthält sich Catull jeden eigenen Urteils über sein Werk. Aber zum Schluß
zeigt er Stolz und bittet die Muse, sein Werk länger als ein Jahrhundert dau-
ern zu lassen. Er drückt damit den Anspruch auf Ewigkeit aus und das meint
auch die Überzeugung, daß seine Gedichte Qualität haben, in Form und Inhalt auch ein ferneres Publikum (zu ihm Einleitung des Textbandes, Abschnitt 5) ansprechen können und von ihm als bedeutungsvoll weiter tradiert
werden.

Literatur:

Cairns, F.: Catullus 1: Mnemosyne Ser. 4, 22, 1969, 153—158.
Copley, F. O.: Catullus, c. 1: TAPhA 82, 1951, 200—206.
Elder, J. P.: Catullus 1, his Poetic Creed, and Nepos: HSPh 71, 1966, 143—149.

Gigante, M.: Catullo, Cornelio e Cicerone, in: In memoriam E. V. Marmorale, Bd. 1, Neapel 1967, 123—129.
Klotz, A.: Zu Catull: RhM 80, 1931, 342—356.
Latta, B.: Zu Catulls Carmen 1: Hermes 29, 1972, 201—213.
Link, E.: Poetologisches bei Catull. Die Welt virtuoser Poesie und die Leidenschaft des Artisten — ein Programm, Erlangen 1982 (Erlanger Studien Bd. 39), 97—162.
Pasoli, E.: Catullo e la dedica a Cornelio Nepote: Vita Veronese 11/12, 1959, 433—436.
Zicàri, M.: Sul primo carme di Catullo: Maia 17, 1965, 232—240.

c. 2

Gliederung:

1— 8: Anrede des *passer* mit langer eingeschobener Schilderung seiner Beziehung zur *puella*.

9—10: Schilderung der Beziehung des Sprechers zur *puella* in Form eines irrealen Wunsches.

Interpretation:

Die Passergedichte bereiten Interpretationsschwierigkeiten, weil man nicht an allen Stellen unanfechtbar zwischen Ernst und Spaß und Ironie abgrenzen kann.

Ähnlich wie c. 51 den Gott oder Übergott preist, der Lesbias Schönheit und Ausstrahlung aushält, rühmt c. 2 im Relativstil der Prädikation — so nennt dies Eduard Norden — den Sperling der Geliebten des Sprechers. Auf diese Geliebte erhebt er mit dem betont vorangestellten *meae* (1) eine Art eifersüchtigen Besitzanspruch. Es ist aber der Sperling, mit dem sich die *puella* beschäftigt, und dieses Spiel mit dem Sperling ist aus der Sicht des besitzheischenden Liebhabers mit erotischem oder erotisch deutbarem Vokabular geschildert. Rolf Heine hat dies so analysiert: „So kommt die Bezeichnung für den *passer, deliciae,* auch 6,1 für die Geliebte des Flavus und 32,2 für die Liebesdienerin Ipsitilla vor; 45, 24 und 74,2 steht als eindeutig erotischer Terminus *delicias facere* (vgl. noch 68,26). *Ludere* hat vielleicht in 17,2 und 67,17 einen erotischen Unterton, sicher amourös ist es 17,17; 61,211; 68, 156. Statt in *sinu tenere* sagt Catull 45,2 vom Liebhaber Acmes *tenens in gremio* (vgl. auch 37,11; 68,132). Für *mordere* in der Bedeutung von leidenschaftlichem Küssen ist auf 8,18 zu verweisen (vgl. 68,127). *Carum* versteht sich von selbst. *Iocari* erinnert an *multa ... iocosa* 8,6 und *iocaris* 21,5." (S. 18) Der Sprecher meint, dieses Spiel könne das Mädchen bei einem Liebeskummer (*dolor*) trösten und ihre Glut (*ardor*) beruhigen. Der Textzustand läßt keine Entscheidung darüber zu, ob er dies als Absicht ansieht, mit der die *puella* von vornherein das Spiel beginnt (*credo, ut tum acquiescat ardor*), oder als mehr unbewußt herbeigeführtes Ergebnis des Spiels (*credo, tum* oder *credo, et tam gravis acquiescet ardor*).

Dann stellt der Sprecher seinen Zustand dagegen: Während das Mädchen *dolor* und *ardor*, d. h. erotische Empfindungen, habe und diese durch das Spiel mit dem Sperling beruhigen könne, habe er selbst *tristis curas,* d. h.

tiefgehende, auch fürsorgliche Liebe, wie er sie z. B. 72,4 darstellt. Diese Empfindung kann das Spiel mit einem Sperling nicht vergessen machen.

Der Konjunktiv *possem* (9) ist wohl nicht so zu verstehen, daß sich der Sprecher hier tatsächlich wünscht, seine Liebe solle von der mehr oberflächlichen Art der seines Mädchens sein. Eher wird der irreale Wunsch verdeutlichen, wie tief seine Liebe ist. In den letzten drei Zeilen — die Textgestalt etwa bei Kroll oder Bardon vorausgesetzt — wechselt also der Ton; Catull als Ich des Gedichts macht deutlich, daß das Gedicht von ihm und seiner Liebe spricht und diese Liebe tiefempfunden und nicht zu beruhigen ist. Sein Mädchen hingegen schildert er zwar als Wesen von — göttlicher — Strahlkraft (*nitenti* 5) und als Gegenstand einer Sehnsucht (*desiderio* 5), ihre Empfindungen oder ihre Empfindungsfähigkeit aber mit einem Anflug von gelassener Überlegenheit als weniger tiefgehend. Der Zusatz *credo* (8) mildert jedoch dieses Urteil, ebenso der Umstand, daß man sich hier von vornherein den besitzheischenden Liebhaber vorstellen soll (*meae* 1).

Wer die *puella* in der Realität ist, sollte nicht untersucht werden. Die Zeilen 8—10 und der Mangel jeder parallelen Verwendung des Wortes *passer* sprechen auch gegen die obszöne Deutung, mit der schon in der Renaissance der *passer* mit dem *membrum virile* gleichgesetzt wurde. Auch der Gedanke an Tierliebe hat hier nicht viel zu suchen.

Wie in c. 3 der Threnos, so wird hier in c. 2 der Hymnus ‚parodiert‘, und beide Male wird diese ‚Parodie‘ zu einem Liebesbekenntnis Catulls.

Literatur:

Baker, S.: Catullus' cum desiderio meo: CPh 53, 1958, 243—244.

Bishop, J. D.: Catullus 2 and its Hellenistic Antecedents: CPh 61, 1966, 158—167.

Brink, C. O.: Latin Studies and the Humanities, Cambridge Inaugural Lecture 1957, 9—13.

Brotherton, B.: Catullus *carmen* 2: CPh 21, 1926, 361—363.

Eisenhut, W.: Zu Catull c. 2A und der Trennung der Gedichte in den Handschriften: Philologus 109, 1965, 301—305.

Fehling, D.: Noch einmal der *passer solitarius* und der *passer* Catulls: Philologus 113, 1969, 217—224.

Gallavotti, C.: Il carme secondo di Catullo: Bollettino di Filologia Classica 36, 1930, 187—190.

Ghiselli, A.: A proposito di una recente interpretazione del Passer catulliano: A & R 2, 1952, 111—115.

Gugel, H.: Die Einheit von Catulls erstem Passergedicht: Latomus 27, 1968, 810—822.

Heine, R.: Zum 2. und 17. Gedicht Catulls: Gymnasium 74, 1967, 315—321.

Lieberg, G.: Puella divina, Amsterdam 1962, 99—110.

Link-Moser, E./Schmidt, E. A.: Gebet eines Liebenden. Catulls erstes passer-Gedicht (c. 2): Mitteilungen für Lehrer der Alten Sprachen, I 2, 1970, S. 3—8.

Oko, J.: L'ode de Catulle sur le passer: Eos 31, 1928, 79—86.

Schuster, M.: Der *passer* Catulls. Zu Catull c. 2 und 3: WSt 46, 1927—1928, 95—100.

Wagenvoort, H.: De Catulli carmine secundo: Mnemosyne Ser. 3, 8, 1940, 294—298.

Zicari, M.: Il secondo carme di Catullo: Studi Urbinati di Storia, Filosofia e Letteratura 37, 1963, 205—232.

Gliederung:

1— 2: Aufforderung an die Götter der Liebe und an die liebenden Menschen zu trauern.

3—12: Nennung des Anlasses.

    3   Nachricht vom Tod des Sperlings.

    4—10 laudatio seines Tuns im Leben.

    11—12 Feststellung seines endgültigen Todes.

13—18: Verfluchung des Dunkels der Unterwelt und Wehklagen im eigenen Namen aufgrund der Trauer der Geliebten.

Interpretation:

C. 3 scheint eine Neckerei zu sein, die die *puella* längere Zeit nach dem Tod eines Sperlings an ihre damalige übertriebene Betroffenheit erinnert (so Quinn, S. 85) oder das Motiv des Gedichtes 2 in eine Parodie der Totenklage einbezieht. Auf jeden Fall gibt es humoristische Elemente genug: (1) inhaltliche: die angeblich exzessive Liebe der *puella* zum *passer* (5); die Bezeichnung *mellitus* (6); die erotische Nähe zur Herrin (8—10); die Schilderung seines Gangs in die Unterwelt wie bei einem antiken Helden (11—12); die empörte Beschimpfung der *tenebrae Orci*, die den *passer* geraubt haben sollen (13—15), schließlich die verkappte Beschuldigung des *passer* selbst, durch dessen ‚Tätigkeit‘ sich die Augen des Mädchens vom Weinen röten (16—18); die Beschränkung des Kreises der Trauernden auf all jene, die etwas von Liebe verstehen, auf Venus und Cupido in allen Gestalten und allen Wirkungsformen und auf all die Menschen, die sich mit einiger Berechtigung zum ‚Venus-people‘ rechnen dürfen (Venus-people ist ein Versuch, den Klang von *hominum venustiorum* einmal nachzuahmen). Der Komparativ ohne Vergleichspunkt kann eine zu hohe oder relativ hohe Stufe angeben, woraus die Formulierung ‚die sich mit einiger Berechtigung Venus-people nennen‘ ihre Berechtigung herleitet. Der Plural *Veneres* und *Cupidines* kann im oben dargestellten Sinne verstanden werden: Venus und Cupido in allen Gestalten. Eine Beschränkung bei Venus auf Aphrodite Pandemos und Aphrodite Uranios (vgl. Plato, Symposion 180d—182a), wie sie Quinn in seinem Kommentar vornimmt, scheint unangebracht. (Möglich wäre, daß schon mit diesen Bezeichnungen Menschen gemeint sind und *homines venustiores* dazu noch eine Steigerung darstellen soll.) (2) formale: die chiastische Alliteration p m m p (3—4) und die Epipher *puellae* (3—4); die pathetische Figura etymologica *it per iter tenebricosum;* die Reihung von Ausrufen (15).

Der gern vorgenommene Vergleich mit Tierepikedien (besonders Meleager, Anthologia Palatina VII 207) bringt wenig Erhellung. Catulls 3. Gedicht ist kein Grabepigramm, sondern zum größten Teil eine Totenklage (Threnos oder Threnodie). Einige Elemente zum Beispiel aus der Klage der Andromache, der Hekabe und der Helena um Hektor (Homer, Ilias 24, 725—745, 748—759, 762—775) sind eher vergleichbar; ‚Anrede‘ (ἄνερ 725 — *passer* 3), Feststellung des Todes (ὤλεο 725 — *mortuus est* 3), Schilderung der Verdienste oder des Verhaltens im Leben (z. B. 767—772 ~4—10), Schilderung der Auswirkungen auf die Lebenden (z.B. 741—742 ~16—18). Anschaulicher wäre ein Vergleich mit einem lateinischen Threnos, aber er ist schwer zu finden. Die Marcelluselegie bei Properz III 18 ist selbst schwierig.

Die Übertragung der Elemente des Threnos auf die Klage um einen Sperling, die Verbindung dieser Elemente mit der übertreibenden Anklage gegen die *tenebrae Orci* und den Sperling selbst sowie die genannten inhaltlichen und sprachlichen humoristischen Elemente lassen es berechtigt erscheinen, c. 3 eine Parodie zu nennen. Die Begleitmaterialien im Kommentar helfen, die parodistischen Elemente zu erarbeiten. Wichtiger aber ist es zu sehen, daß die Parodie nicht nur um ihrer selbst willen erfolgt, daß sie weniger spöttisch als humorvoll ist und daß Catull als das Ich des Gedichts zeigt, wie ihm die Trauer des Mädchens zum Anlaß wird, alle Liebenden zum Mitleiden aufzurufen, den Aufruf sogleich selbst zu befolgen, die Unterwelt zu verfluchen, ja schließlich dem Toten selbst die Schuld an der Trauer des Mädchens anzulasten.

Deswegen könnte man auch statt eines Threnos und einer Parodie zwei Parodien vergleichen und daraus grundlegende Elemente des Threnos erarbeiten lassen. Es bietet sich als Vergleichstext die Nachahmung in einem Gedicht auf einen toten Schoßhund namens Mücke (Myia) an (Anthologia Latina II 1512), ein Text aus dem zweiten Jahrhundert, der auf einer Marmorplatte bei Auch in Frankreich gefunden wurde. Länger und weniger zum Vergleich geeignet ist Ovids Klage über den Tod des Papageis seiner Geliebten Corinna (*amores* 2,6).

Vergleichspunkte beim Vergleich Catull c. 3 — A. L. II 1512 wären: (a) die wörtliche Übernahme: *o factum male;* (b) die sinngemäße Übernahme: *in sinu iacebat* 2 — *nec sese a gremio illius movebat* 8; (c) die unterschiedliche Zielrichtung: für Catull wird alles Anlaß zu komischer Trauer, er lacht über sich selbst; der Verfasser des Myia-Gedichts trifft aber auch die Herrin des Hündchens. Die Mittelverse 5 und 6 heben hervor, daß ihm das Hündchen vor allem deswegen so viel bedeutete, weil es alle Rivalen verbellte. Kein Wunder, daß es ihm ans Herz gewachsen war. Mit seinem Tod droht nun sogar seine Beziehung zur Herrin, sich zu verändern.

Literatur:

Funaioli, G.: L'epicedio catulliano del passero di Lesbia: Atti III. Congresso di Studi Romani 4, 1935, 55—59.

Goold, G. P.: Catullus 3,16: Phoenix 23, 1969, 186—203.

Granarolo, J.: Venus et Veneres: Annales de la Faculté des Lettres et Sciences humaines de Nice 11, 1970, 105—113.

Greig, C. (Hg.): Experiments. Nine Essays on Catullus for Teachers, Cambridge 1970, 6—12.

Herescu, N. I.: Notes de lecture: REL 25, 1947, 74—76.

Herescu, N. I.: Catulle 3: un écho des nénies dans la litterature: REL 25, 1947, 74—76.

Herrlinger, G.: Totenklage um Tiere in der antiken Dichtung, mit einem Anhang byzantinischer, mittellateinischer und neuhochdeutscher Tierepikedien, Stuttgart 1930 (Tübinger Beiträge zur Altertumswissenschaft 8).

Johnston, M.: Catullus 3 and the Literature of Pets: CW 23, 1929, 24.

Khan, H. A.: A Note on the Expession solum ... nosse in Catullus: CPh 62, 1967, 34—37.

Schuster, M.: Der passer Catulls. Zu Catull c. 2 und 3: WSt 46, 1927—1928, 95—100.

Zicàri, M.: Catull 3,12: SIFC 29, 1957, 250—254.

Gliederung:

1— 3: Aufforderung an Lesbia zum Lebensgenuß und Absetzung von der Auffassung der *senes*.

4— 6: Begründung mit dem Unterschied zwischen ewigem Leben des Kosmos und endlichem Leben der Menschen.

7— 9: Anwendung der Aufforderung zum Lebensgenuß durch Aufforderung zum Küssen, dabei spöttische Anspielung auf das kaufmännische Erwerbsdenken der *senes*.

10—13: Aufforderung zum Vergessen und zur Verschleierung der Größe des Genusses, um eigener Hybris und dem Neid Übelwollender zu entgehen.

Interpretation:

Das Gedicht beginnt mit der Aufforderung zu leben und setzt Leben (wie sich zeigt, Leben im vollen Sinne) mit Lieben gleich (*atque* bezeichnet eine besonders enge Zusammengehörigkeit oder Identität). Aufgefordert dazu sind der Sprecher und die Angeredete (*Lesbia*). Beide sind in den Personalmorphemen der Prädikate ausgedrückt, die Angeredete ist dazu noch mit ihrem Namen genannt. Vor ihrem Namen ist das Possessivpronomen *mea* gesetzt. Daß es überhaupt steht und dazu noch vor dem Namen (normalerweise steht es hinter seinem Bezugswort), hebt hervor, wie sehr Lesbia die einzige wichtige Rolle im Leben des Sprechers spielt (der Besitzanspruch wird wohl hier durch *mea* nicht hervorgehoben, denn sonst müßte der Zusammenhang die Notwendigkeit enthalten oder andeuten, daß der Sprecher ihn gegen andere vertreten muß.) Die Wortstellung bildet die zentrale Bedeutung Lesbias insofern ab, als *mea Lesbia* von *vivamus* und *atque amemus* eingerahmt wird (abbildende Wortstellung). Mit *-que* wird eine weitere Aufforderung angeschlossen, die eine erste Folgerung aus der Eingangsaufforderung nennt: von der vorgetragenen Lebensauffassung abweichende Einstellungen sollen unbeachtet bleiben. Vertreter dieser Auffassung sind die *senes,* das heißt Männer von 45 Jahren und mehr oder jüngere, die sich wie diese verhalten, offensichtlich die Gleichsetzung Leben und Lieben nicht akzeptieren und mißbilligend kommentieren (*rumores*), so daß sie vom Sprecher als unverhältnismäßig streng (*severiores*, Komparativ ohne ausdrücklich genannte Vergleichsperson) bezeichnet werden. Wortstellung und andere stilistische Mittel geben der Äußerung zusätzliche Nuancen: *omnes* wiederholt den Klang von *rumores* am Beginn der darauf folgenden Verszeile, *senum* und *severiorum* stimmen am Beginn (s-Alliteration) und am Schluß (Homoioptoton) überein und wiederholen das *um* aus *rumores*; welchen affektiven Wert dieser Klang hat, kann nicht gesagt werden, der Zusammenhang spricht für eine Veranschaulichung des mißbilligenden ‚Gezischels‘ und ‚Gemunkels‘; die Sperrung von *rumores* und *omnes* läßt den abrupten Gegensatz *omnes unius* entstehen, die Sperrung von *unius* und *assis* bewirkt, daß sich erst am Schluß überraschend die Einschätzung als Geringschätzung herausstellt.

Die Zeile 4 schließt ohne Konnektor an die Zeilen 1—3 an, ebenso muß man sich bei den Zeilen 5—6 und 7 den Anschluß an die jeweils vorausgehende Zeile selbst klarmachen. Dies wird durch stilistische und inhaltliche Überlegungen leicht gemacht. In Zeile 4 wird ein Satz in ganz normalem Satzbau (Subjekt, zwei infinitivische Ergänzungen zum Prädikat, Prädikat) formuliert; es soll ein gewöhnlicher und regelmäßiger Vorgang geschildert werden: die Bewegung im Kosmos ist unvergänglich und wiederholt sich ewig; dies wird noch durch den Gleichklang *occidere et redire* unterstrichen, ebenso durch den Plural *soles*, der freilich auch zeigt, daß jeden Morgen gleichsam eine neue Sonne aufgeht. In Zeile 5 wird der Gegensatz dazu geschildert, wie schon das vorgezogene *nobis* zeigt, das den Kontrast zu *soles* am Anfang der vorigen Zeile herstellt; auch die Asyndese ist eine Form der Konnexion, sie stellt oft einen Gegensatz her. Zeile 5 nimmt das Thema der Zeile 4 in neuem, auf die Menschen bezogenem Zusammenhang wieder auf: *occidere*. Während aber in Zeile 4 von *soles* die Rede war, wird bei den Menschen nur von *brevis lux* gesprochen und die Kürze dieses Lebens-Lichtes wird noch durch die Stellung von *lux* unterstrichen: ungewöhnlicher Weise steht am Versende in der zweiten Hälfte des letzten Metrums ein einsilbiges Wort. Zudem rückt *lux* durch diese Stellung in unmittelbare Nähe zum ersten Wort der nächsten Zeile, wodurch ein krasser Gegensatz entsteht: *lux — nox*. Dieser Vers 6 besteht ganz aus Oppositionen zu den vorangegangenen Zeilen: *nox: lux; perpetua: occidere et redire; una: soles; est dormienda: redire possunt. Nox* und *dormire* bilden den denkbar größten Gegensatz zu *vivere* und *amare*. So wird die Vermutung nahegelegt, daß die Kürze des Lebens, sein unausbleibliches Ende, dem sich eine ewige Phase des Schlafs unter Ausschluß aller Möglichkeiten zu sehen und zu empfinden anschließt, daß diese Kürze und Endlichkeit Anlaß gibt, sie auszugleichen durch besonders intensiven Lebensgenuß; diese besondere Intensität besteht in der Liebe zu einem anderen Menschen, weil dadurch eine Persönlichkeitsausweitung ebenso wie eine Bereicherung der eigenen Person vollzogen wird. Der Autor folgt hier also in der Annahme, daß mit dem Tode alles menschliche Leben und Fühlen ein für allemal zuende ist, der Auffassung Epikurs, mit der daraus gezogenen Konsequenz aber Aristophanes, der in Platos ‚Symposion‘ das Wesen der Liebe im Mythos von den Kugelmenschen darstellt und die Liebe als das Suchen der ursprünglichen Hälfte und das Streben nach der ursprünglichen, aber verlorenen Ganzheit erklärt (Plato, Symposion 189 d — 192 e, vgl. Beiheft 5 B 3). Man kann also Catulls Gedicht vor einen weiten geistesgeschichtlichen Hintergrund stellen und seine Liebes- und Lebensauffassung mit anderen vergleichen. Mit der Auffassung des Aristophanes verbindet ihn, daß auch er die menschliche Liebe als endlich und als Suchen nach göttlicher oder gottähnlicher Ganzheit ansieht; er hat dafür den Vergleich mit dem ewigen kosmischen Geschehen. Anders als Aristophanes spricht aber Catull am Schluß seines Gedichts von Gefahren, Aristophanes hatte den Eros uneingeschränkt als ‚den menschenfreundlichsten unter den Göttern‘ bezeichnet, ‚da er den Menschen Beistand und Arzt ist in demjenigen, aus dessen Heilung die größte Glückseligkeit für das menschliche Geschlecht erwachsen würde‘ (189 c/d). Auch hatte er Zeus nicht unter dem Gesichtspunkt des Neiders, sondern letztlich als Helfer angesehen.

Mit Lukrez verbindet Catull die Auffassung vom Tod als Ende allen Lebens — auch dem der Seele —, aber er zieht aus dieser Auffassung nicht die urepikureische Konsequenz, daß man sich umso mehr um die geistige Erkenntnis bemühen müsse, sondern folgert daraus, daß die Begrenztheit des menschlichen Lebens durch die Intensität des Lebens in der Liebe ausgeglichen werden solle.

All dies setzt er der traditionellen römischen *virtus-labor-industria*-Vorstellung entgegen (vgl. die Zusammenfassung Beiheft 5 B 1), deren geschichtliche Wirkungen und Vorteile er nicht anerkennen, deren Konsequenzen für die individuelle Lebensführung er zumindest nicht akzeptieren will. Daß der Totalitätsanspruch seiner Liebe einen entsprechenden Partner verlangt, sieht er nicht oder berücksichtigt er in diesem Gedicht nicht. Eine entsprechende Überlegung kann somit bereits darauf aufmerksam machen, daß auch Catulls hier vorgetragene Auffassung Probleme bringt; dadurch wird schon das Verständnis anderer Gedichte (70, 72, 75, 76, 87) vorbereitet.

Der Gedanke der Annäherung der Menschen an die Götter durch die Liebe 7,7 - 14 scheint auch am Schluß des Gedichtes wiederzukehren. Zunächst aber ändert Catull den Charakter seines Gedichts. In kurzen Aufforderungen an die Geliebte, ihn zu küssen, scheint er den Übergang von der Theorie zur Praxis zeigen zu wollen. Die Küsse sind Ausdruck der Liebe, ihre große Zahl Ausdruck ihrer Intensität. Dennoch ist der Ton eher scherzhaft. Denn die Küsse werden wie eine Ware behandelt, die man beim Kaufmann bestellt: erst wird die Warenbezeichnung gebracht, dann die Mengenangabe; und ebenso scheint der Sprecher ein gutes Geschäft machen zu wollen: auf jeweils tausend geordnete Küsse möchte er eine kostenlose zehnprozentige Mehrlieferung – gleichsam einen nicht-monetären Mengenrabatt – von 100 Küssen. Damit scheint Catull eine typische Tätigkeit der eingangs kritisierten *senes severiores* zu karikieren und auf eine damit völlig unvereinbare Situation, seine Liebe, zu übertragen. Auch die Aufforderung, die säuberlich geordneten Lieferungen, deren Zusatzhunderter ja ein ansehnlicher Gewinn sind, durcheinanderzubringen, damit keiner über die Menge neidisch werden kann, scheint auf diese *senes* anzuspielen. Der Zusatz *ne sciamus* führt aber auf die Vorstellung von der Liebe als Annäherung an die Götter zurück und läßt daher auch noch eine andere Interpretation des *quis malus* – zusätzlich zu dem Bezug auf die *senes* – zu: Catull und Lesbia sollen die Größe ihres Glücks nicht kennen, damit sie nicht in Hybris verfallen und sich schon als göttlich empfinden, und auch den Göttern soll die Zahl und damit das Ausmaß des Glücks unbekannt bleiben, damit nicht einer von ihnen, der ihnen trotz möglicher Selbstbescheidung übelgesinnt ist oder übel will, aus ‚Neid' auf diese menschliche Grenzüberschreitung zu den Göttern hin Unglück bereitet und sie ganz auf ihre menschliche Endlichkeit und Beschränktheit verweist. Diese pessimistische Auffassung vom menschlichen Glück und der eifersüchtigen Grenzwahrung der Götter hat Solon in Herodots Erzählung vertreten, und sie entspricht langer griechischer Anschauung (Herodot I 29–33).

Zum Vergleich mit c. 7 und zur abschließenden Beurteilung des Gedichtes 5 vgl. zu c. 7. Zum Erlernen verschiedener Interpretationsrichtungen, das ebenfalls erst nach der Behandlung von c. 7 angeregt werden sollte, vgl. Textausgabe, Teil II, 7 A 7 und 7 B 2 sowie die Ausführungen bei H.-J. Glücklich: Interpretation im Lateinunterricht. Probleme und Begründungen, Formen und Methoden, in: Der altsprachliche Unterricht 30, 6, 1987, 43–59, bes. 47–50.

Tafelbild zur Texterschließung und Interpretation

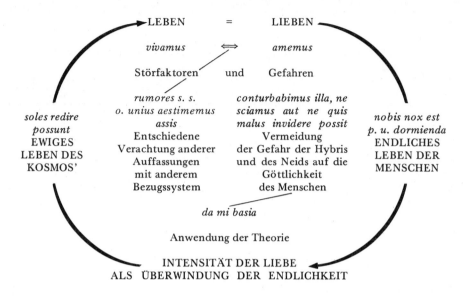

LEBEN = **LIEBEN**

vivamus ⟺ *amemus*

Störfaktoren und Gefahren

rumores s. s.	*conturbabimus illa, ne*
o. unius aestimemus	*sciamus aut ne quis*
assis	*malus invidere possit*
Entschiedene	Vermeidung
Verachtung anderer	der Gefahr der Hybris
Auffassungen	und des Neids auf die
mit anderem	Göttlichkeit
Bezugssystem	des Menschen

soles redire possunt
EWIGES LEBEN DES KOSMOS'

nobis nox est p. u. dormienda
ENDLICHES LEBEN DER MENSCHEN

da mi basia

Anwendung der Theorie

INTENSITÄT DER LIEBE
ALS ÜBERWINDUNG DER ENDLICHKEIT

Literatur:

Commager, S.: The Structure of Catullus 5: CJ 59, 1964, 361–364.

Fredericksmeyer, E. A.: Observations on Catullus 5: AJPh 91, 1970, 431–445.

Greig, C. (Hg.): Experiments. Nine Essays on Catullus for Teachers, Cambridge 1970, 18–22.

Grimm, R. E.: Catullus 5 again: CJ 59, 1963–1964, 15–22.

Grummel, W. C.: Vivamus, mea Lesbia: CB 31, 1954, 19 und 21.

Hiltbrunner, O.: Zur Terminologie des römischen Rechnungswesens: Hermes 77, 1942, 379–381.

Klauk, E.: Catulls ‚Vivamus‘, eine andere Seite römischen Lebens: AU X/3, 1967, 110–118.

Klinz, A.: Horaz, Carm. 1,9 und Catull, Carm. 5: Deutung und Vergleich: AU X/1, 1967, 34–41.

Levy, H. L.: Catullus 5,7–11 and the Abacus: AJPh 62, 1941, 222–224.

Pack, R.: Catullus, Carmen 5; Abacus or Finger-Counting: AJPh 77, 1956, 47–51.

Pratt, N. T.: The Numerical Catullus 5: CPh 51, 1956, 99–100.

Ramminger, A.: Motivgeschichtliche Studien zu Catulls Basiagedichten. Mit einem Anhang: Aus dem Nachleben der Catullischen Basiagedichte; Würzburg 1937, Diss. Tübingen 1937.

Segal, Ch.: Catullus 5 and 7; a Study in Complementaries: AJPh 89, 1968, 284–301.

Stoessl, F.: Die Kußgedichte des Catull und ihre Nachwirkung bei den Elegikern: WSt 63, 1948–1949, 102–116.

Turner, I. H.: Roman Elementary Mathematics: CJ 47, 1951, 63–74 und 106–108.

Gliederung:

1— 5: Provokation des Flavius: Er würde von seiner Geliebten erzählen, wenn sie nicht häßlich wäre.

6—14: Die Tatsache, daß er eine Geliebte hat, wird durch viele Indizien belegt.

15—17: Daher soll er davon auch erzählen, und er wird dann (statt durch ein provokatives und rauhes Gedicht herausgefordert zu werden) durch ein zartes, anmutiges Gedicht belohnt, das seine Geliebte und seine Liebe preist.

Interpretation:

In einem größeren Kreis (vgl. *nobis* 16) fordert Catull, der hier passend seinen Namen (1) statt eines Personalpronomens verwendet, einen sonst nicht weiter bekannten Flavius auf, die Person seiner Geliebten zu verraten. Da er dies bisher offenbar konstant vermieden hat, wird er provoziert. Die Provokation erfolgt auf mehrfache Weise:

(1) Das Schweigen wird als Ausdruck der Scham ausgelegt: Die Geliebte muß eine malariöse Hure sein, seine Liebe ohne Anmut und geschmacklos. Denn von dem Gegenteil würde man wohl nicht schweigen.

(2) Die Tatsache, daß er eine Geliebte hat, könne er ohnehin nicht abstreiten, weil er durch viele Indizien überführt werde. Diese Indizien werden aufgeführt, wobei ein Abstieg von anmutiger zu grober Schilderung erfolgt: Das Bett ist mit Blumen geschmückt und duftet nach ihnen und nach Parfümsalbe. Überall ist das Bett abgescheuert. Man hört das Bett knarren und sich bewegen. Flavius streckt seine Beine schlapp und breit von sich.

Die übermächtigen Beweise zeigen: Verschweigen läßt sich nichts (12, Anapher *nil, nihil*, die ausführliche Form nachdrücklich an zweiter Stelle). Daraus zieht Catull die Folgerung: Wenn ohnehin Schweigen nichts nützt, kann Flavius auch sprechen. Es soll sein Vorteil sein. Gleichgültig, welcher Art seine Geliebte ist, ob hübsch (*boni* 15) oder weniger (*mali*), er soll davon erzählen und sie offenbaren. Die provokante Vermutung *nescioquid febriculosi scorti diligis* (4/5) vom Anfang wird also jetzt wieder eingeschränkt. Und statt dessen wird ihm der Lohn seines Geständnisses in Aussicht gestellt. Flavius und seine Liebe sollen in den Himmel gelobt werden, nunmehr durch einen anmutigen, zarten Vers Ewigkeit erlangen, statt durch das Gegenteil der *inlepidae atque inelegantes deliciae* verdächtigt zu werden. Nach der Provokation soll nun diese Aussicht Flavius das Geheimnis entreißen.

Das Gedicht zeigt den Gegensatz von Rühmen und Diffamieren, das Verhältnis der Sprache zur Art des Erlebens und zur Intention, die Macht des sprachlichen Ausdrucks über die Beurteilung eines Geschehens und einer Empfindung:

(1) Dichtungen können rühmen und verdammen, es kommt darauf an, zu dem, der darüber Macht hat, ein gutes Verhältnis zu gewinnen. Der Dichter macht von seiner Macht Gebrauch. Der gleiche Vorrang, die gleiche Empfindung kann gut und schlecht, rühmend und diffamierend dargestellt werden.

(2) Sprache erscheint zunächst als Mittel, Freude und Lob auszudrücken (*ni sint inlepidae ..., velles dicere ...* 2/3): wes das Herz voll ist, des gehet der

Mund über (Matthäus 12,30). Sprache hat Ausdrucksfunktion. Aber der Dichter zeigt durch seine Absicht, dem Angesprochenen ein Geheimnis zu entlocken, daß Sprache auch eine Waffe ist, um Ziele zu erreichen, Wünsche durchzusetzen: *Quid autem tam necessarium, quam tenere semper arma, quibus vel tectus ipse esse possis vel provocare improbos vel te ulcisci lacessitus?* (Cicero, de oratore I 32). Der Angesprochene soll durch Angriffe und durch die Aussicht auf Rühmung in die Enge getrieben und zum Handeln oder Verhalten im Sinne des Sprechers bewegt werden. Sprache hat Appellfunktion.

(3) Der Leser wird zum Teilhaber des Prozesses gemacht und kann alle Positionen mitempfinden und die Art der sprachlichen Mittel genießen, die aus den Funktionen der Sprache erwachsen und ihr zusätzlich eine ästhetische Funktion zuweisen:

(a) die Dreiteilung des Gedichtes, wobei der zweite Teil mit einer ähnlichen Wenn-Dann-Relation endet (13/14) wie die erste Hälfte des ersten Teils (2/3) und der dritte Teil die *inlepidae-inelegans*-Thematik des Beginns wiederaufnimmt und das Gegenteil in Aussicht stellt; (b) den Aufbau einzelner Verse: Rahmenstellung der Namen der ‚Kontrahenten‘ in 1, Chiasmus, der die Gegensätze *dicere — tacere* und *velle — posse* hervorhebt in 3; (c) Wortstellungsfiguren, die die Intention wirkungsvoll unterstützen: Alliterationen: 7 (c), 9 (p), 15 (q), 17 (v); Anaphern (verneinende Vorsilbe *in-* 2, *et* 9) und Epanalepse (*nil-nihil* 12); Hyperbaton: *Syrio — olivo* 8, dadurch Betonung der *s*-Anfänge und *o*-Auslaute; *tremulique quassa lecti/argutatio inambulatioque* 11/12, dadurch Abwechslung von Wörtern, die Bewegung und die Geräusch ausdrücken; *lepido versu* 17, dadurch Betonung des *lepidus* und weiche, zarte Schlußalliteration; (d) Enjambement 4/5, dadurch Überraschungseffekt beim Ausdruck *scorti;* (e) das Oxymoron *nequiquam tacitum cubile clamat* 7: das Ergebnis der Bemühung ist pathetisch-mahnend vorweggenommen.

Das Gedicht steht zwischen den thematisch verwandten Gedichten 5 und 7, scheinbar ganz anders geartet und den Zusammenhang störend. Aber zweierlei muß man sehen:

(1) Erstens macht das Gedicht in heiter-komischer Weise deutlich, daß ein Liebesverhältnis auch in einem Bezug zur Öffentlichkeit steht, Neugier oder Anteilnahme anderer weckt; beides ist Nebenthema in den Gedichten 5 und 7; in c. 5 wird von dem bösen Neider gesprochen, der Einfluß auf die Liebe gewinnen könnte, in c. 7 von der heimlichen Liebe, deren Zeuge der Himmel oder die ewige Bewegung des Kosmos ist (7/8), und die Neugierigen, möglicherweise Übelgesinnten werden ausdrücklich zurückgewiesen. Catull demonstriert also, wie die Störung durch Fremde, vor der er in c. 5 und c. 7 Angst hat, im mildesten Fall aussehen kann.

(2) Zweitens wird der Charakter seiner Dichtungen deutlich. Sie sind kein unmittelbarer Gefühlsausdruck, sondern bewußt gestaltete, auch unter dem Gesichtspunkt ästhetischer Reize geformte Sprachkunstwerke. Wird dies in c. 6 von vornherein deutlich, so könnte die Stellung zwischen c. 5 und c. 7 auch diese vor der Auffassung als unmittelbaren Gefühlsausdruck bewahren, wenn dies nicht schon durch die Vergleiche und kunstvollen Formulierungen in den Gedichten selbst verhindert würde. Nicht der unmittelbare Gefühlsausdruck ist wichtig, sondern das Erregen von Gefühlen, Stimmungen, Ein-

drücken im Leser. Von dieser Feststellung ausgehend, lassen sich die Urteile über c. 5 und c. 7 (vgl. Begleitheft 7 B 2) beurteilen und die Interpretationsrichtungen erarbeiten.

Literatur:

Fuchs, H.: Zu Catulls Gedicht an Flavius (c. 6): MH 25, 1968, 54—56.
Pighi, I. B.: Emendationes Catullianae: RhM 94, 1951, 42—45.
Tracy, S. V.: Argutiinambulatioque (Catullus 6,11): CPh 64, 1969, 234 —235.

---

c. 7

Gliederung:

1— 2   Frage
3—12   Antwort:
      3— 8 Vergleich
      9—10 eigentliche Antwort
      11—12 Ergänzung zur Antwort

Interpretation:

Das Gedicht beginnt mit der Wiederholung einer angenommenen Frage Lesbias, wie viele ‚Küssungen' (*basiationes*), wieviel an aktiver und aktueller Liebe, Catull genug und mehr als das (*super*) seien. Die Verwendung des Nomens *basiationes* statt *basia* verstärkt den Aspekt der Menge. Catull antwortet mit einem Vergleich, den man zunächst mit dem klassischen Schema des primum, secundum, tertium comparationis analysieren kann: das primum comparationis sind im ersten Vergleichsbeispiel (3—6) die Sandkörner, im zweiten (7—8) die Sterne, das secundum comparationis sind jeweils die Küsse (oder ‚Küssungen'), das tertium comparationis ist jeweils die große Zahl. Außer diesem selbstverständlichen Faktum muß man aber auch sehen, daß ein Vergleich, zumal wenn er breit ausgeführt ist, eine Reihe von Stimmungen und Vorstellungen im Leser weckt. Dadurch wird sein Denken, Fühlen und Urteilen beeinflußt und ein zusätzliches Mittel zur Charakterisierung der dargestellten Handlungen oder Ereignisse gewonnen. Der Sand, mit dessen Zahl die Zahl der Küsse verglichen wird, liegt in Kyrene zwischen der Orakelstätte des ewigen, unsterblichen Gottes Jupiter Ammon und dem verehrten und damit im Bewußtsein der Menschen gegenwärtigen Grabmal des mächtigen, verdienstvollen und dennoch sterblichen ersten Königs von Kyrene, Battus. Wie im Gedicht 5 läßt sich auch hier wieder eine Deutung der Liebe entnehmen: was Küsse nachahmen, liegt zwischen dem endlichen Menschenleben und der Ewigkeit des Gottes, nähert den Menschen ein wenig dem Unsterblichen, ist Persönlichkeitserweiterung und eine Intensivierung des Lebens als Ersatz für die verwehrte Unsterblichkeit. Die Sterne, mit deren Zahl die Zahl der Küsse ebenfalls verglichen wird, sehen die heimliche Liebe der Menschen in der Stille der Nacht. Die Liebe (es steht der Plural *amores*, weil die Liebe vieler einzelner Menschen oder Paare gemeint ist) wird also hier dem Sehen und Hören anderer Menschen entzogen (*furtivos*), entgeht aber den Sternen dennoch nicht und vollzieht sich ohne störende Einwirkungen von außen (*cum tacet nox*) vor dem Anblick des Kosmos, möglicherweise mit ebenso großer Regelmäßigkeit und Wiederholbarkeit wie das Wandern der Sterne.

Nach den Vergleichen führt Catull die Antwort zu Ende und berücksichtigt dabei auch die in den Vergleichen steckenden Andeutungen möglicher Gefahren: er begehrt so viele Küsse und nennt sich daher *vesanus* (v. 10), ,ohne gesundes Maß', ,überspannt'; dies deutet wieder die Gefahr der Hybris an; die Zahl der Küsse soll keiner feststellen und dann, da er die Zahl benennen kann, mit einem Fluch belegen können; damit wird die Gefahr des menschlichen Neids auf fremdes Glück erneut deutlich gemacht. Der Konjunktiv *possint* zeigt, daß mit einem solchen Eingriff anderer Menschen in Catulls Liebe zu rechnen ist und sie nach seinem Wunsch davor geschützt sein sollte; der Wunsch nach Schutz vor menschlichem Eingreifen ist auch der Wunsch um Bewahrung der Liebe.

Literatur:

Commager, S.: Notes on Some Poems of Catullus: HSPh 70, 1965, 84—86.
Elder, J. P.: Notes on Some Conscious and Subconscious Elements in Catullus' Poetry: HSPh 60, 1951, 101—136.
Moorhouse, A. C.: Two Adjectives in Catullus 7: AJPh 84, 1963, 417—418.
Segal, Ch.: Catullus 5 and 7: AJPh 89, 1968, 284—301.

c. 8

Gliederung: siehe S. 32 f.

Interpretation:

In c. 8 spricht Catull sich selbst an — bzw. läßt den Sprecher sich selbst ansprechen — und nennt sich mit dem ersten Wort *miser. Miser* bezeichnet — wie sich aus *c.* 51,5 ergibt — den, der einer bestimmten Situation, einer bestimmten Person oder bestimmten Zielen nicht gewachsen ist. Unter diesem Gesichtspunkt kann das gesamte Gedicht betrachtet werden. Es geht hier um Ziele, wie der wünschende Konjunktiv *ducas* (2) und die Imperative *noli* (9), *vive* (10), *perfer, obdura* (11) zeigen. Zwischen diese Zielformulierungen ist — durch die Wiederholung *fulsere ... candidi tibi soles* eingerahmt — eine Schilderung der Vergangenheit eingeschaltet. Sie nennt teils vergangene Zustände oder wiederholte Handlungen im durativen oder iterativen Imperfekt, teils trifft sie Feststellungen im Perfekt. In diese Schilderung ist eine Feststellung für die Dauer von der Vergangenheit bis in die Zukunft eingeschaltet, in der die einzigartige Größe seiner Liebe zu einem Mädchen durch die Wiederholung von Formen von *amare,* durch die pathetisch-erhöhende Verwendung des Pluralis maiestatis *nobis* (hinter *nobis* Catull und einen Freund zu vermuten, ist wohl verfehlt) und durch die auch rhythmisch betonte Schlußstellung *nulla* hervorgehoben wird. Der Reichtum an Gliedsätzen zeigt, daß der Rückblick Reflexionscharakter hat. Vers 3 wird am Schluß dieser Schilderung, durch *vere* bekräftigt, wiederholt (v. 8). In v. 9 wird mit *nunc* wieder zur Gegenwart der Verse 1—2 zurückgeleitet. Die Wünsche werden jetzt dringlicher durch Imperative ausgedrückt. Wie in Vers 2 wird aus der kognitiven Beobachtung der Tatsachen jeweils ein Wunsch an das Verhalten des Gefühls hergeleitet: v. 2 *quod vides perisse: perditum ducas;* v. 9 *nunc iam illa non vult: tu quoque, impotens, noli;* v. 10 *ne: quae fugit: sectare.* Der Schluß von Vers 10 leitet aus der einleitenden Anrede und Feststellung *miser Catulle* (1) ebenfalls einen Wunsch her: *nec miser vive;* dieser Wunsch umschreibt mit dem Wortmaterial der Anrede *miser* den Wunsch des Verses 1 *desinas ineptire,* sich unpassend verhalten bedeutete ja unglücklich leben. Der Wiederholung des Wunsches in Vers 10 ist dann in Vers 11 noch die positive Formulierung des Wunsches gegenübergestellt. Statt des wünschenden Konjunktivs in Vers 1 erscheinen jetzt gehäuft Imperative, die die Dringlichkeit der Aufforderung, hart zu werden, herausheben. In Vers 12 wendet sich Catull erstmals direkt an das Mädchen und sagt ihr Lebewohl. Er schildert (vv. 12—13) als gegenwärtigen und zukünftigen Zustand, was er soeben noch herbeigewünscht hat, und zwar unter Verwendung der gleichen oder inhaltlich verwandter Wörter: *obdura/obdurat* 11/12; *noli/nec requiret* 9/13; *nec sectare/ nec rogabit* 10/13. Ebenfalls schildert er den zukünftigen Zustand des Mädchens, wobei er — ohne Begründung — vorauszusetzen scheint, wenn er sich von ihr abwende, gebe es keinen anderen an seiner Stelle, so daß sie allein, vereinsamt, unbegehrt ist. Die Feststellungen (*dolebis, cum rogaberis nulla*) gehen in Fragen über, die konkrete Situationen oder Elemente eines Liebesverhältnisses erfassen und mit der besonders plastischen Frage *cui labella mordebis* (18) schließen.

Die Fragen gewinnen aber sofort eine weitere Dimension hinzu. Nach der einleitenden Darstellung, wie abweisend und uninteressiert das Mädchen gegenüber Catull geworden ist, kann nämlich die soeben erwähnte stillschweigende Voraussetzung, es finde keinen anderen, nur mit Einschränkungen gelten. So können die Fragen auch schon mit aufkeimender Eifersucht dem gelten, der an Catulls Stelle getreten ist. Die Kürze und Vielfalt der Fragen unterstreichen diesen Eindruck. Ebenso lassen sich zwiefach deuten die Anrede *scelesta*, die sowohl die verruchte Ungetreue als auch die von allen Rettungsmöglichkeiten verlassene Unglückliche (vgl. Quinn z. St.) meinen kann, und die abschließende Selbstaufforderung, hart zu bleiben; diese könnte noch im zunächst nahegelegten Sinne meinen, Catull solle trotz der angeblich traurigen Zukunft des Mädchens hart bleiben; im Sinne der mittlerweise erfolgten Sinnverschiebung meint sie aber viel eher, daß Catull gegenüber seinem Innern, das sich weiter mit der *puella* beschäftigen will, entschlossen durchsetzen soll.

Dieser Zwiespalt zwischen dem, was der Verstand objektiv feststellen muß, und dem, wozu er das Gefühl zwingen muß oder was das Gefühl daraus folgern sollte, ist im gesamten Gedicht herausgehoben: durch die bereits erwähnte Gegenüberstellung des festgestellten Zustands und den sich daraus ergebenden Wünschen in den Versen 2, 9 und 10; durch die dauernde Wiederholung der Selbstaufforderungen (1/2, 9—11, 19), die Anfang, Mitte und Ende des Gedichts bilden und die zwischendurch erfolgte Behauptung, der

Wunsch nach Härte sei schon verwirklicht, stark entwerten; durch die zwei zwischen die Aufforderungen geschalteten Passagen der beseligten Schau der Vergangenheit (3—8) und der unversehens sehnsüchtigen Prophezeiung der Zukunft des Mädchens (14—18); durch den ausdrücklichen Hinweis darauf, daß Catull sein Gefühl verhärten und das heißt zu einem großen Teil überwältigen oder ausschalten muß (oder müßte): *obstinata mente* (11); durch die Ausdrücke, die er verwendet, um seinen Zustand (*miser* 1,10; *ineptire* 1; *impotens* 9) und die Art und Weise seiner Überwindung zu schildern (*perfer*, das auf Leiden deutet; *obdura*, das auf eine unmenschliche Verhärtung hinweist).

Immerhin ist ein kleiner Erfolg auf diesem Weg angedeutet, denn bei der Wiederholung der Aufforderung zur Härte in Vers 19 wird nicht mehr die Voraussetzung der Gefühlsverhärtung erwähnt wie in Vers 11 (*obstinata mente*), sondern Entschlossenheit als gegeben angenommen (*destinatus* 19).

Das gesamte Gedicht lebt von der Wiederholung bestimmter Wörter (vgl. Quinn, S. 115): *miser* (1,10); *puella* (4, 7, 12); *volebas* (7) — *nolebat* (7) — *non volt* (9) — *noli* (9); *obstinata* (11) — *destinatus* (19); *obdura* (11) — *obdurat* (12) — *obdura* (19); *at tu* (14, 19), *nullus* (5,14); Übereinstimmung von v. 8 und 3. Ebenso lebt es in der ersten Hälfte von der Verwendung von Wortpaaren (*perire* — *perditum ducere* (2); *ventitare* — *ducere* (4); *velle/nec nolle* — *non velle/nolle* (7—8); *fugere* — *sectare* (10)).

Dieses Netz von Wiederholungen macht eine Gliederung zwar nicht unmöglich, wohl aber instabil. Eine Gliederung kann erfolgen — nach den Zeitstufen Vergangenheit — Gegenwart — Zukunft, wobei die Selbstaufforderungen Schwierigkeiten machen, — danach, ob einzelne Passagen von Catull, von der *puella* oder von beiden zusammen sprechen, — nach den Selbstaufforderungen, die ja, wie festgestellt, Anfang, Mitte und Ende bilden.

Nach dem zweiten und dritten Gesichtspunkt ergibt sich die Gliederung:

1— 2	Selbstaufforderung mit Feststellung des unpassenden Verhaltens	2 Verse
3— 8	Schilderung der glücklichen Vergangenheit Catulls und der puella	6 Verse
9—13	Selbstaufforderung Catulls, sein Gefühl oder Inneres zu verhärten, darin	5 Verse (3 + 2)
	9—11: Feststellung des gegenwärtigen Verhaltens der puella (3 Verse)	
	12—13: Abschied und Behauptung, seine Selbstaufforderung habe Erfolg (2 Verse)	
14—18	Schilderung der angeblichen Zukunft des Mädchens unter Rückgängigmachung des ausgesprochenen Abschieds	5 Verse
19	Erneute Selbstaufforderung, wobei Entschlossenheit vorausgesetzt wird.	1 Vers

Es mag jedem selbst überlassen bleiben, aus dieser möglichen Einteilung und der sich dabei ergebenden Zahl von Versen in den einzelnen Abschnitten Proportionen herauszulesen oder nicht. Wer gewisse Proportionen sieht, soll auch sagen, daß diese Einteilung weniger ein Feststellungsakt als eine Deutung ist. Wichtiger ist, daß diese Gliederung auch die verschiedenen Haltungen des Autors innerhalb des Gedichts zu verstehen hilft. Die Selbstaufforderungen am Anfang und in der Mitte des Gedichts sind frei von Ironie und eindeutig. In der Schilderung vergangenen Glücks kann er abgeklärt die feine und charmante Litotes *nec puella nolebat* (7) — anders wäre eine platte Formulierung entstanden — und geschmackvolle Umschreibungen verwenden (*fulsere candidi soles* (3 und 8); *iocosa* (6)). Nach den erregten Fragen in den Versen 16—19 kann er — sich seiner versuchten Entschlossenheit ebenso bewußt werdend wie der immer wieder möglichen Gefährdungen — erneut eine Selbstaufforderung bringen, die nun durch den Gegensatz zu den erregten Fragen einen selbstironischen Beigeschmack hat.

Die Wahl des Metrums entspricht den Möglichkeiten des Gedichts, Selbstironie zuzulassen, und unterstreicht die darin ausgesprochene Notwendigkeit, sich stets neu zur Härte anzuhalten. Der Hinkjambus ist als Metrum des Spott- und Scheltverses aus dem Griechischen bekannt. Das letzte Metrum in jeder Verseinheit stoppt den Fluß der Mitteilungen und legt einen nachdrücklichen Akzent auf das letzte Wort jeder Zeile. Innerhalb des ernsten Themas wird dadurch klar, daß Catull schwankt, sich demzufolge distanziert und ironisch betrachten kann und zur Kompensation seines Schwankens eine Reihe von Behauptungen mit einem übermäßig starken Akzent versieht, die Darstellungen der Situation und die Selbstaufforderungen stets neu in Gang bringen (,ankurbeln') muß. Von der Haltung Goethes in seinem 7. Venezianischen Epigramm ist der Sprecher hier noch weit entfernt:

Eine Liebe hatt' ich, sie war mir lieber als alles!
Aber ich hab' sie nicht mehr! Schweig' und ertrag' den Verlust!

Gedicht 8 zeigt, daß verschmähte Liebe einen Zwiespalt zwischen Denken und Fühlen bewirken kann. Dieser ist hier noch mit Selbstironie in seinen Anfängen geschildert. Das Gedicht zeigt gegenüber c. 5 einen unglücklichen Liebhaber; c. 5 schilderte das große Gefühl intensiven Lebens, das die Liebe bewirkt. Gegenüber der Göttin des Gedichts 51 zeigt c. 8 eine Geliebte, mit der Catull nicht einmal zusammensein darf. Gedicht 8 bestätigt die in der *otium*-Strophe c. 51, 13—16 angedeuteten Gefahren gefährlicher Illusionen.

Literatur:

Allen, A. W.: Elegy and the Classical Attitude toward Love: YCPS 11, 1950, 255—277.
Commager, S.: Notes on Some Poems of Catullus: HSPh 70, 1965, 90—92.
Fraenkel, E.: Two Poems of Catullus: JRS 51, 1961, 46—53.
Glücklich, H.-J.: Interpretation im Lateinunterricht. Probleme und Begründungen, Formen und Methoden, in: Der altsprachliche Unterricht 30, 6, 1987, 43—59, bes. 55—59.
Gugel, H.: Catull, carmen 8: Athenaeum 45, 1967, 278—293.
Hanken, H.: Catull. Das achte Gedicht; in: E. Ahrens (Hrsg.): Lateinausbildung im Studienseminar, Frankfurt am Main ²1966, S. 173—175.
Khan, H. A.: Style and Meaning in Catullus' eighth Poem: Latomus 27, 1968, 555—574.
Moritz, L. A.: Miser Catulle: a Postscript: G & R 13, 1966, 155—157.
Rebert, H. R.: Obdura — a Dramatic Monologue: CJ 26, 1930—1931, 287—292 = Eisenhut, W. (Hrsg.): Antike Lyrik, Darmstadt 1970 (Ars Interpretandi Bd. 2), 90—96.
Rowland, R. L.: Miser Catulle: an Interpretation of the eight Poem of Catullus: G & R Ser. 2, 13, 1966, 15—21.

Schnelle, I.: Untersuchungen zu Catulls dichterischer Form: Philologus Suppl. 25,3, 1933, 28—31.

Schuster, M.: Kritisch-exegetische Nachlese zu Catull: WSt 65, 1950—1951, 42.

Svennung, I.: Catulls Bildersprache, Uppsala 1945 (Univ. Arsskrift).

Swanson, R. A.: The Humour of Catullus 8: CJ 58, 1963, 193—196.

c. 9

Gliederung:

1— 4   Frage: Catull muß sich bewußt machen, daß sein Freund Veranius heimgekehrt ist.

5— 9   Aussagesätze: Catull schwelgt in Freude und denkt an ihr Zusammensein.

10—11   Catull verkündet sein Glück in einer rhetorischen Frage.

Interpretation:

Gedicht 9 ist an einen Freund Catulls, Veranius, gerichtet. Den Gedichten 12, 28 und 47 kann man entnehmen, daß er wohl zur cohors praetoria eines römischen Propraetors in Spanien gehörte, nach Kroll (Kommentar) und Münzer (RE III 1387) möglicherweise der des L. Piso Caesoninus um das Jahr 60.

In drei Abschnitten drückt Catull seine Wertschätzung gegenüber Veranius aus. In den Versen 1—4 muß er sich — ein wenig c. 107 ähnlich — erst einmal — in einer Frage — vergewissern, daß Veranius heimgekehrt ist; dabei wird Veranius sofort als bester Freund und die Heimkehr sehr gemütsvoll als eine Rückkehr in eine vertraute und harmonische Welt geschildert. Der zweite Abschnitt (5—9) beginnt mit dem bestätigend-bekräftigenden *venisti*; Catull ruft sein inneres Glück hinaus, und die Begründung dafür steigert sich in der Weise, daß sie von Veranius (*visam te incolumem* 6) langsam immer mehr zu Catull selbst führt (*audiamque narrantem/adplicans collum iucundum os oculosque suaviabor* 9) (Kroll sieht in den Versen 6—9 ein Hysteron proteron: „Die Begrüßung geht den Erzählungen des Freundes voraus, aber diese sind als wichtiger an den Anfang gestellt"; mir erscheinen hingegen Umarmung und Küsse nicht nur der Begrüßung vorbehalten zu sein). Die erotische Qualität der Wörter und Vorstellungen ist offenbar, man kann c. 5 vergleichen. Im letzten Abschnitt (10—11) ruft Catull schließlich alle einigermaßen glücklichen und vom Glück etwas verstehenden Menschen zu Zeugen an, daß sein Zustand der der größten Ausgelassenheit und des höchsten seelischen Glücks ist.

Die Bewegung geht also von Veranius zu Catull und von der Absonderung der beiden von allen anderen Freunden in Vers 1 f. zum Glücksbekenntnis vor einer großen Öffentlichkeit (10 f.) hin. Das Gedicht zeigt so die Gefühle Catulls sehr deutlich und rühmt Veranius durch die Darstellung der Bedeutung, die er für Catull hat. Sie läßt sich der vergleichen, die einmal Alfenus (c. 30) für ihn gehabt haben muß. Sehr schön zeigt dieses Begrüßungsgedicht dem Begrüßten, was er Catull bedeutet und wie Trennung und Rückkehr empfunden werden.

Gliederung:

1 — 4 Direkte Schilderung der Freundin des Varus, zugleich Einleitung der Erzählung.

5 — 8 Schilderung von Gesprächsthemen, deren letztes ‚Geld' ist.

9 —13 Catull verneint jede Möglichkeit, in Bithynien Geld zu machen, und begründet das.

14 —23 Die Gesprächspartner vermuten doch einige aufwendige Mitbringsel, und Catull will das Mädchen mit ihr entsprechenden Angaben beeindrucken. Er zeigt, daß er dabei angibt.

24 —27a Das Mädchen will die angeblichen Mitbringsel sofort für sich.

27b–32 C. muß sich herausreden und revozieren.

33 —34 Er wirft dem Mädchen Eigenschaften vor, die der Schilderung des Anfangs widersprechen.

Interpretation:

Das Gedicht erzählt mit fast satirischen Mitteln, wie der Sprecher in einer alltäglichen oder eigentlich belanglosen Situation durch eigenes und fremdes Zutun in eine unbehagliche Lage kommt und wie dadurch er und ein Mädchen entlarvt werden. Es ist nicht seine Idee, die Freundin des Varus anzusehen. Er erkennt ihren Typ (*scortillum*), nimmt aber Charme und Attraktvität wohlwollend zur Kenntnis. Das Thema Geld bringt ihn in eine unangenehme Lage, denn vor Mädchen wie ihr, das weiß er, muß man zeigen, daß Besitz etwas Selbstverständliches ist. Gründlich wird zunächst eine der Wahrheit nahe Antwort gegeben, die aber trotz der Versicherung *id, quod erat* schon in sich widersprüchlich ist durch die Art der Steigerung: wer sagt ‚da kann man grundsätzlich nichts holen', der braucht nicht den Zusatz ‚erst recht nicht bei einem Prätor, der nicht an seine Suite denkt'. Das ‚Holen' ist sehr ‚salbungsvoll' umschrieben, bei der Nennung des Prätors verrät der Sprecher seine Wut durch die Vulgarität der Sprache. Varus und das Mädchen verraten hingegen, daß sie Catull gar nicht verstanden haben oder nicht verstehen wollen. Catull zeigt, daß er dem Mädchen imponieren will, und schildert, wie er eine weltmännische Rolle annimmt, erhaben über die Situation ist, deretwegen er gerade den Prätor verflucht hat. Dem Leser aber zeigt er wie schon vorher, wie es wirklich um ihn bestellt ist und daß er hier eine Rolle vor dem Mädchen spielt. Dieses ist so frech, die Antwort für bare Münze zu nehmen und die erfundene Habe nutzen zu wollen — zu einem treffend ausgesuchten Zweck, sich als große Dame zu präsentieren. Die Vulgärsprache trifft nun auch sie (24). Aber Catull weiß, daß er, der Sprecher, die Schuld hat. Er hat sie doch gleich erkannt (2) und ist doch auf die ihr gemäßen Erwartungen eingegangen, mußte also wissen, in welche Gefahr er sich begab. Seine Widerrufung stellt er daher in inhaltlich und formal ausgefeilten Schritten dar: Haltruf (*mane* 27) mit Pause des Besinnens (Hiat), Ansetzen zu einer Erklärung *istud — quod modo dixeram — me habere ...*; zunächst nur mühsam kaschiertes Eingeständnis der Erfindung oder Lüge: *fugit me ratio* (29), breites Umlenken auf einen anderen Besitzer: *meus sodalis — Cinna est — Gaius — is sibi paravit.* (29 f.); dann abrupte Selbstrechtfertigung, schnell mit vielen Synaloephen gesprochen (31); schließlich Verlagerung der Schuldfrage auf einen anderen Punkt, Gegenangriff und Aberkennung der eingangs geschilderten Attraktivität des Mädchens. Sie hat diese Attraktivität durch ihr Verhalten verloren. Ihr Verhalten hat aber nur Catulls eigene Verhaltensmechanismen deutlich gemacht, und der Verlust ihrer Attraktivität ist seine Selbsterkenntnis, sein Ärger, daß er aufgelaufen ist. Wie vielen passiert dies immer wieder. Catull zeigt eine menschliche Eigenart am eigenen Beispiel und in einem heiteren Gedicht mit viel Beobachtungskunst und Wahrheit.

Literatur:

Coulons, V.: Observations critiques et exégétiques: RhM 99, 1956, 248—249.
Sedgwick, W. B.: Catullus X: A Rambling Commentary: G & R 16, 1947, 108—114.

---

c. 11

Gliederung:

Interpretation:

C. 11 zerfällt in zwei Teile, die jeweils aus einem Satz bestehen: 1—16, 17—24; man könnte sogar von nur einem Satz insgesamt sprechen, da die Zeilen 17—24 den Inhalt der v. 16 genannten *non bona dicta* darstellen.
Die erste Hälfte baut sich folgendermaßen auf:
v. 1: Furius und Aurelius werden als *comites Catulli*, d. h. als Begleiter auf einer Reise oder militärischen Expedition angesprochen. — vv. 2—12: Die möglichen Zielgebiete werden genannt, nämlich vv. 2—4 Indien, der Ferne Osten, von den Alexanderfeldzügen her bekannt, vv. 5—8 der Nahe Osten — Hyrcaner, Araber, Saker, Parther, Ägypten, meist Ziele einer Expedition des Crassus der Jahre 55—54, vv. 9—12 Gallien und Britannien, Verwaltungs- und Aktionsgebiet Caesars, wo er schon rühmliche Siege errungen hatte.
Die drei Reisealternativen sind jeweils durch *sive* eingeleitet (2, 5, 9), die zweite Alternative ist durch *seu — sive* weiter unterteilt, die dritte durch ein Polysyndeton; die erste und zweite Alternative haben ein einziges Prädikat *penetrabit* (2) und sind dadurch als Gebiete zusammengefaßt, die zunächst eine Schiffsreise erfordern; bei der dritten Alternative wird der Alpenübergang als erstes Erfordernis vorangestellt. Die drei Strophen dieses Abschnitts sind in hohem Stil gestaltet, die einzelnen Völker und Gebiete tragen meist traditionelle, schmückende Epitheta in Form von Attributen oder Attributsätzen, oder sie sind selbst umschrieben (Ägypten 7 f., Nordsee 11).

Der hohe Stil setzt sich zunächst in den ersten zwei Zeilen der Übergangsstrophe 4 fort. Mit *omnia haec* werden die vorher genannten Gebiete und Reisen zusammengefaßt, von den eingangs genannten Furius und Aurelius wird nun gesagt *omnia haec temptare simul parati,* die Zusammenfassung *omnia haec* wird durch *quaecumque feret voluntas caelitum* noch vergrößert und verallgemeinert. Catull stellt es unter den Willen der Götter, wohin seine Reise führen wird, und stellt fest, daß Furius und Aurelius bereit sind, alle Ziele zusammen mit ihm aufzusuchen, alle damit verbundenen Gefahren zu tragen. Alles sieht wie ein Abschiedsgedicht aus. Catull verläßt Rom und geht — aus welchen Gründen, hat sich noch nicht gezeigt — auf eine Expedition mit unbekanntem Ziel und Ausgang. Man erwartet eine Stellungnahme Catulls zu der Bereitschaft der *comites* oder eine Erklärung seiner Reisebereitschaft. Was aber folgt, scheint diese Erwartung nicht zu erfüllen. Catull fordert nämlich Furius und Aurelius auf, seinem Mädchen unfreundliche Worte zu vermelden. Diese unfreundlichen Worte sind als endgültiger Abschied an sein Mädchen formuliert und teilen sich in zwei Abschnitte zu jeweils einer Strophe: vv. 17—20: der Abschied ist in *cum suis vivat valeatque moechis* ausgedrückt, und in groben Worten mit obszönem Charakter wird anschließend die *puella* geschildert, was gleichzeitig für den Abschied die Begründung liefert; vv. 21—24: der Abschied ist in *nec meum respectet amorem* ausgedrückt; das Absterben der Liebe wird zunächst in sachlicher Feststellung geschildert, dann mit dem Knicken einer Blume am Wiesenrand verglichen; damit wird die Begründung geliefert, warum die *puella* nicht mehr an seine Liebe denken solle. In diesen beiden Strophen finden sich Anklänge an andere Gedichte Catulls. Das Bild von der geknickten Blume am Wiesenrand ist ausführlicher c. 62,39—41 dargestellt und läßt sich auf Sappho 117 Diehl (105c Lobel-Page) zurückführen. Der Inhalt der vv. 17—20 erinnert an c. 37, 14—16 und c. 58; das Wort *identidem* kommt bei Catull überhaupt nur zweimal vor, hier und c. 51,3 an der gleichen Versstelle. Mit dem Gedicht 51 hat c. 11 die größte Gemeinsamkeit darin, daß es die beiden einzigen Gedichte in sapphischen Strophen sind. Das führt darauf, sie zu vergleichen. Ein erster Durchgang ergibt die folgenden Unterschiede:

	c. 51	c. 11
(1)	vier sapphische Strophen,	sechs sapphische Strophen,
(2)	Aufteilung in 3 + 1,	Aufteilung in 4 + 2 Strophen,
(3)	Bruch nach der 3. Strophe,	Bruch nach der 4. Strophe oder in ihr,
(4)	langes Sapphozitat am Anfang,	kurzes Sapphozitat am Schluß,
(5)	Sapphos Dichtung wird als Ausdruck eigenen Erlebens gesehen, das jedoch Sapphos Erleben übertrifft,	Sapphos Dichtung ist Erinnerung, die mit eigenem Leid verglichen werden kann.

Untersucht man das Verhältnis der beiden Teile in c. 11 weiter, gewinnt man weitere Vergleichspunkte. Der Bruch ist in c. 11 weitaus größer. Dies liegt an dem persönlichen Ausbruch mit Beschimpfungen und obszönen Formulierungen in den vv. 17—20, an der scheinbaren Unvereinbarkeit der Reiseabsichten des ersten Teils mit dem Auftrag an Furius und Aurelius und schließlich an der verwunderlichen Tatsache, daß Furius und Aurelius hier Catulls ergebene Vertraute sind, in anderen Gedichten aber von ihm angegriffen werden.

Eine eindeutige biographische Erklärung, wie sie Quinn (Catullus 165—175) versucht, kann zumindest hier nicht dafür gegeben werden. Jedenfalls scheint die Behauptung, Catull könne überlegt haben, ob er sich für eine Begleitung des Crassus oder für eine Begleitung Caesars entscheiden solle, dadurch widerlegt zu werden, daß mehr Länder genannt sind, als diese beiden Feldherren damals aufsuchen wollten, und daß es dem Willen der Götter (13—14) anheimgestellt wird, wohin Catull gehen wird. Wichtiger scheint daher zu sein, daß er überhaupt Rom verläßt oder verlassen will. Die Reise und ihre Ausdehnung ist nach dem, was im 2. Teil folgt, Ausdruck der Trennung von seiner Geliebten, wie ja häufig in der Liebesdichtung das Verlassen der Heimat Ausdruck unerfüllter, enttäuschter oder unmöglicher Liebe ist.

Daß Catull Furius und Aurelius als *comites* bezeichnet, ist kein Widerspruch zu anderen Gedichten, in denen er sie grob-ironisch anspricht und den Gesetzen der literarischen Invektive folgt. Vor allem sind Furius und Aurelius keine Konkurrenten um sein Mädchen, und in c. 11 könnten sie sogar als die klassischen Ansprechpartner Catulls bei Invektiven angesehen werden. Eine besondere Bosheit des Gedichts könnte nämlich darin liegen — Quinn hat dies herausgearbeitet —, daß Catull seinem Mädchen nicht persönlich mit Vorwürfen gegenübertritt, sondern Boten schickt und so die Vorwürfe zugleich öffentlich und erniedrigender macht. Freilich: öffentlich werden sie auch durch das Gedicht selbst gemacht, und so liegt eine andere Erklärung näher, die durch den traurigen Schluß wahrscheinlich gemacht wird: Catull will der *puella* nicht mehr persönlich gegenübertreten. Dies entspricht seiner Stimmung in den ersten vier Strophen, die auch auf räumliche Trennung ausgerichtet ist. Daß es ihm schwerfällt, zeigt sich schon darin, daß er diesen Auftrag an die Gefährten noch über die Annahme ihres Angebots, ihn zu begleiten, stellt. Auch die obszöne Beschimpfung in der vorletzten Strophe läßt sich nun richtig einschätzen. Sie ist Ausdruck seiner großen Enttäuschung und Verletztheit. Wo ein Geschehen geistig nicht verarbeitet wird oder noch nicht verarbeitet ist, liegt das Ausweichen in derbes Schimpfen und in obszöne Ausdrucksweisen nahe. Das Gedicht zeigt also vier Verhaltensweisen bei einer noch nicht verwundenen Liebesenttäuschung: Flucht (2—14), Drang zu weiterer, wenn auch stolzer und aggressiver, Kommunikation mit der Geliebten, Ausweichen ins Obszöne, trauernde (vielleicht auch vorwurfsvolle oder mitleidheischende) Darstellung der eigenen verschmähten und zerstörten Liebe. Die Verwendung der sapphischen Strophe macht dabei den Bezug und den Kontrast zur Hymne auf Lesbia in c. 51 deutlich und den Einbruch der Trauer und des Niedrigen, den die Treulosigkeit oder die mangelnde Zuneigung und die Unersättlichkeit des Mädchens bewirken, nachdrücklicher. Der Vergleich läßt sich also nun weiterführen:

c. 51	c. 11
(6) In der *otium*-Strophe am Ende macht C. deutlich, daß entweder sein langes Sapphozitat nur Traum und Wunschbild seiner eigenen Beziehung war oder daß er um den Erhalt seines Glückes fürchtet.	In den konventionell-alexandrinischen Strophen des Anfangs macht C. deutlich, daß sein in Sapphoversen erlebter Traum größter Nähe der Geliebten eine Täuschung war und durch größte Entfernung ersetzt wird und daß die Warnung der *otium*-Strophe Realität geworden ist.

Literatur:

Balogh, I.: Catulls Scheltelied auf Lesbia: Philologus 85, 1929, 103—105.

Buchheit, V.: Der Anspruch des Dichters in Vergils Georgika, Darmstadt 1972, 128—132.

Dinoi, A.: Il carme 11 del Liber Catullianus, in: Annuario Liceo G. Palmieri 1963—1966, 75—115.

Greig, C. (Hg.): Nine Essays on Catullus for Teachers, Cambridge 1970, 23—23.

Herescu, N. I.: Autor de l'ironie de Catulle: RCI 13/14, 1941—1942, 128—137.

Hudson-Williams, A.: Catullus 11, 9—12: CQ 46, 1952, 186.

Kent, R. G.: Notes on Latin Authors, in: Studies presented to D. M. Robinson 2, 1951, 686—692.

Kinsey, T. E.: Catullus 11: Latomus 24, 1965, 537—544.

Meurig-Davies, E. L. B.: Catullus and Statius: Four Notes: CQ 44, 1950, 31.

Offermann, H.: Catulls „Technik" der verzögerten Aufdeckung, Acta Classica Univ. Debrecen 12, 1976, 29—36.

Pennisi, G.: Catullo e il carme dei ‚non bona dicta‘: Helikon 1, 1961, 127—138.

Quinn, K.: Catullus. An Interpretation, London 1972, 160—179.

Richardson, Jr., L.: Furi et Aureli, comites Catulli: CPh 58, 1963, 93—106.

Todd, F. A.: Catullus 11: CR 55, 1941, 70—73.

von Wilamowitz-Moellendorff, U.: Hellenistische Dichtung, Berlin 1924, Bd. II, 307—308.

---

c. 16

Gliederung:

1— 4: Drohung mit Begründung.
5—11: Das Verhältnis von Dichter und Dichtung.
12—14: Wiederholung: Begründung und Drohung.

Interpretation:

Catulls c. 16 besteht aus vierzehn Versen und läßt sich in zwei Rahmenteile und einen Mittelteil gliedern. Den Rahmen bilden die Verse 1—4 und 12—14, den Kern die Verse 5—11.

Die Rahmenteile sind einander spiegelsymmetrisch bis auf die Anrede v. 2, die am Ende nicht noch einmal wiederkehrt. Vers 1 bringt eine drastische Drohung, die Verse 3—4 geben die Begründung für diese Drohung. Am Ende ist es umgekehrt: der wiederholten Begründung (12—13) folgt die Wiederholung der Drohung (14). Die Rahmenteile zeichnen sich durch eine bildhafte und derbe Sprache aus und sind, wenn auch nicht von kompliziertem Satzbau, so doch auch nicht von ganz natürlicher Wortfolge, wenigstens in den Versen 3—4, wohl auch in den Versen 12—13. Beide Rahmenteile können daher als von der Prosa abweichend bezeichnet werden.

Der Mittelteil ist im Satzbau sehr prosaisch, es gibt keine Störungen der natürlichen Wortfolge. Auch die Wortwahl zeigt prosaische Qualität, insbesondere *nam ... decet, nihil necesse est, tunc denique, non dico.* Aber auch der Mittelteil zeichnet sich in der zweiten, zum Rahmenteil zurückführenden Hälfte durch sehr bildhafte Ausdrücke aus (9—11).

Durch das ganze Gedicht zieht sich eine Reihe von Alliterationen, die dem Ganzen den Charakter der Empörung und der komisch-pathetischen Übertreibung geben (p-Alliteration 4, 5, 8—10, auch 13/14, m-Alliteration 3/4,

12, 13; n-Alliteration 6; außerdem die als ‚lüstern' deutbare Alliteration *lac* —
lep 7).

Während die Rahmenteile in der 1. Person Singularis gesprochen sind, Catull
sich also selbst als Sprecher hinstellt, tritt im Mittelteil der Sprecher ganz zurück — bis auf das formelhaft abgeblaßte *dico* 10, das einem ‚das heißt'
gleichkommt; sonst stehen im Mittelteil alle Prädikate in der 3. Person, in
ihm ist eine Aussage allgemeingültig und unpersönlich formuliert. Der Anfang bringt eine derbe Drohung, nennt die Namen der Bedrohten und ihre
Schuld: sie haben aus Catulls Versen auf mangelnde Schamhaftigkeit des
Dichters geschlossen. Das wird im folgenden zurückgewiesen. Der Schluß
bringt die Frage, ob die beiden Schuldigen Catull für einen Weichling, einen
male mas, halten, weil seine Verse von vielen tausend Küssen reden. Zum Beweis des Gegenteils wird erneut die gleiche Strafe wie zu Anfang angedroht.
Der objektive Mittelteil hebt hervor, daß die Verschen lasziv sein müssen, auf
ältere Männer stimulierend wirken müssen (in diese Aussage schiebt Catull
sein *dico* ein), erst dann hätten sie Witz und Charme. Davor steht völlig ohne
Ich-Bezug ‚Denn keusch zu sein, geziemt sich für den frommen Dichter
selbst, für die Verschen ist es durchaus nicht notwendig'.

Wie verhalten sich Rahmen und Mittelteil zueinander? Auffallend ist, daß
Catull in den einander spiegelsymmetrischen Rahmenteilen die Strafe zweimal androht (1 und 14) und zweimal eine Begründung dafür gibt, einmal in
Form eines Relativsatzes (3—4), das andere Mal als empörte Frage (11—13).
Sind wie die Drohungen auch die Begründungen gleich oder handelt es sich
um zwei verschiedene Begründungen, so daß also Catull zweierlei Ursache
hätte, seine Drohung auszusprechen oder auszuführen? In den Versen 3—4
steht, daß Aurelius und Furius aus dem weichlichen Inhalt der Catullischen
Verse (*molliculi* 4, eigentlich von Personen gesagt, geht wohl auf den Inhalt
der Gedichte) auf Schamlosigkeit des Dichters geschlossen haben, in den Versen 12—13 steht, daß sie ebenfalls aus dem Inhalt Catullischer Verse auf Un-
männlichkeit geschlossen haben. Beide Vorwürfe sind ein Sonderfall jener römischen Auffassung, wonach Schriftstellerei nicht eines römischen Mannes
würdig, kein *negotium* und kein Erweis von *virtus* sei, wogegen sich beispielsweise Sallust in seinen Proömien zur *Catilinae coniuratio* und zum
bellum Iugurthinum wehrt. Die Vorwürfe *parum pudicum* (4) und *male ...
marem* (13) sind beides Rückschlüsse aus dem Werk auf den Charakter des
Verfassers, wobei weder bei dem einen noch bei dem anderen Vorwurf Kör-
perliches und Seelisch-Geistiges scharf voneinander geschieden werden können. Durch die identische Ausgangsbasis der beiden Vorwürfe und durch die
spiegelsymmetrische Fügung geraten beide Vorwürfe in so große Nähe zueinander, daß sie selbst fast identisch scheinen. Wer *parum pudicus* ist, wäre also offenbar auch *male mas*, und umgekehrt gilt: ein *plane vir* ist auch
pudicus.

Mit der Drohung in den Versen 1 und 14 impliziert Catull seine Fähigkeit, sie
auch auszuführen. Das soll ja gerade seine eigene Männlichkeit und die
Weichlichkeit der Kontrahenten demonstrieren. Catull sieht sich also nicht
als *male mas* an, sondern als das gerade Gegenteil (vgl. etwa c. 56). Sieht er
sich demnach auch als *pudicus* an? Nach der Identifizierung von *plane vir*
und *pudicus vir* wäre diese Frage zu bejahen. Die Drohung Catulls scheint

aber für den außenstehenden Betrachter das Gegenteil nahezulegen. Um diesen Widerspruch als echt oder scheinbar erkennen zu können, muß man die Sprache des Mittelteils genauer untersuchen.

Im Zentrum (7—9) des Mittelteils steht, daß Verschen erst dann Salz und Anmut haben, erst dann wirkliche *versiculi* sind, wenn sie lasziv sind; die entscheidenden Wörter *molliculi* und *parum pudici* stehen im Mittelvers des Gedichts (8). Das poetische Werk der *versiculi* wird von der Verpflichtung zur *castitas* freigesprochen (6). Dem Dichter hingegen, insofern er *pius* ist, steht es an, *castus* zu sein (5). Ein *pius poeta* ist der Dichter, der ‚pflichtgemäß handelnd‘, ‚gewissenhaft‘ ist, das heißt dem Begriff des wahren und echten Dichters entspricht, ein ergebener ‚Priester der Musen‘ zu sein (so Kroll zu Vers 5 unter Berufung auf Riedner, Typische Äußerungen der römischen Dichter, Nürnberg 1903, S. 30). Die Formel ‚Priester der Musen‘ ist aber eben nur eine Formel, die umschreibt. Sie meint den wahren und echten Dichter. Wie ist er zu definieren? Das ist die Frage nach der Selbstauffassung antiker Dichter, hier insbesondere der Catulls. Daß er nicht wirklich glaubte, er sei ein Priester der Musen und ihr bescheidener Diener, bedarf wohl keiner Erörterung. Solches Zurücktreten der Person kann für seine Zeit ebensowenig wie für seine hellenistischen Vorgänger gelten. Der Begriff des *pius poeta* muß also genauer bestimmt werden. Catull sagt, diesem *pius poeta* gezieme *castitas*. *Castus* 5 schließt gleich an das *parum pudicum* des vorangehenden Verses an, es scheint das Gegenteil von *parum pudicus* zu meinen, in seiner Bedeutung durch den Zusammenhang festgelegt zu sein. In der Tat ist unbestreitbar, daß *castus* diese Bedeutung hier gleichsam als äußerste und sichtbare Schale trägt, der Leser verfällt nach *parum pudicum* zunächst auf die moralische Bedeutung *castus a culpa* (vgl. Plautus, Poenulus 1186). Steht hier also *castus* für *pudicus*? Catull hat aber ein anderes Wort gewählt. Mit *castus* klingen an: die religiöse Enthaltsamkeit (vgl. z. B. *castus, us* und Walde-Hofmann, Etymologisches Wörterbuch I 167 s. v. *careo*), die persönliche Integrität (vgl. Cicero, Phil. 5,12 *homo castus et integer*, Att. 11,6,5 *Pompeium hominem ... integrum et castum et gravem cognovi*). Das läßt *castus* die Bedeutung ‚von reiner, unbefleckter, unschuldiger Gesinnung‘ gewinnen. Nur mit dieser Gesinnung ist der Dichter aufnahmebereit für alles Lebendige oder für alles, was ihm die Musen eingeben, so daß er es — mit Platon zu reden — nicht einmal selbst zu verstehen braucht (vgl. Ion 534 d/e, auch Ion 536 b/c und Apologie 22 b/c). Und nur so ist er *pius poeta*, seinen Dienst wahrhaft erfüllend. Der Mittelteil schließt mit *nam* an die Verse 1—4 an, gibt also eine Begründung, warum Catull die Schlußfolgerung der beiden Kontrahenten zurückweisen und über sie empört sein kann. Der Gedanke müßte ausführlicher lauten: *Nam non recte me ex versiculis meis parum pudicum putastis, quia pium poetam ipsum castum esse decet, versiculos autem castos esse nihil necesse est.* Trotz der kausalen Verknüpfung ist der Mittelteil unpersönlich, Catull spricht nicht von Catull, sondern vom *pius poeta*. Da er die Argumentation des Aurelius und des Furius ablehnt, muß er auch sich selbst damit meinen. Er beansprucht also, ein rechter Dichter zu sein, sich *castus* nennen zu dürfen und trotz seiner drastischen Drohung *pudicus* zu sein. Denn die Drohung ist Teil eines dichterischen Zusammenhanges, aus dem kein Rückschluß auf den Dichter gezogen werden darf. Aber nun sind diese Aussagen

Catulls freilich im ganzen dichterisch und der Einwand ist berechtigt, wenn man schon aus den Rahmenteilen und ihren Drohungen keine Rückschlüsse auf Catulls Charakter ziehen dürfe — wie Catull verlangt —, dann sei auch nicht erlaubt, den Mittelteil für eine direkte Aussage Catulls zu halten, sondern auch hier müsse man zwischen der dichterischen Aussage und Catulls Gesinnung unterscheiden. Unbeschadet der vorher gewonnenen Ergebnisse stellt sich so c. 16 als ein Vexierspiel heraus, bei dem man die Wahl hat, entweder vom theoretischen Mittelteil ausgehend die Rahmenteile für einen dichterischen Beleg zur Theorie zu halten ('Die Dichtung muß lasziv sein') oder aber von den Rahmenteilen ausgehend Catull doch nicht für *castus* zu halten und seine Abwehr der Gleichsetzung von Dichtung und Charakter nicht anzunehmen. Catull hat durch die künstlerische Durchbrechung eines Gedichts (1—4, 12—14) mit einer dichtungstheoretischen Aussage (5—11) über Poetik und literarische Kritik diese Vexierspielform erreicht. Er hat diese Form gewählt, wohl um zur These gleich das Beispiel zu bringen, mehr aber noch, weil er wohl als Dichter selbst wußte, daß weder eine plumpe Gleichsetzung von Dichtung und Charakter (wie sie Aurelius und Fuscus nach der Fiktion des Gedichts vorgenommen haben) noch eine radikale Trennung zwischen Werk und Veranlagungen und Neigungen eines Dichters vorzunehmen ist. Das Gedicht 16 kann daher den Schülern zeigen,

— daß die biographische und moralische Auslegung poetischer Werke bereits in der Antike üblich, zum Teil sogar vorherrschend war,
— daß sich hierin einerseits ein Urinteresse der Menschen zeigt, nämlich etwas vom Innenleben anderer zu erfahren, andererseits aber ein Urfehler in der Betrachtung von Poesie oder eine enge Sicht gegenüber weiten seelischen und geistigen Interessen,
— daß die bei der Besprechung der Gedichte 5—7 und 58 gemachten Erfahrungen bestätigt werden.

Eine Sammlung späterer Äußerungen zu diesem Problem kann diese Erkenntnisse bestätigen und darüber hinaus verdeutlichen, daß sich Dichter immer gegen diese allzu direkte Gleichsetzung von Leben und Werk zur Wehr setzen mußten, oft sogar den weitgehenden moralischen Anspruch, der sie als Erzieher und Vorbilder sehen wollte, zurückwiesen, daß aber andererseits für gewisse Inhalte und Themen, z. B. ideologische, agitatorische, der einfache inhaltlich-stoffliche Zugang durchaus erwünscht und begrüßt wurde.

Literatur:
Buchheit, V.: *Sal et lepos versiculorum* (Catull c. 16): Hermes 104, 1976, 331—347.
Housman, A. E.: Praefanda: Hermes 66, 1931, 408 (zu *irrumare*).
Kinsey, T. E.: Catullus 16: Latomus 25, 1966, 101—106.
Knoche, U.: Erlebnis und dichterischer Ausdruck in der lateinischen Poesie: Gymnasium 65, 1958, 146—165.
Rankin, H. D.: A Note on Some Implications of Catullus 16,11—13: Latomus 29, 1970, 119—121.
Sandy, G. N.: Catullus 16: Phoenix 25, 1971, 51—57.
Schmidt, E. A.: Catull, Heidelberg 1985, 127—131.

Gliederung:

Interpretation:

Der Sprecher rühmt Iuventius (über ihn zu c. 48) in epischem Stil als schönsten Iuventier aller Zeiten und hebt damit seinen Wert hervor. Dann kritisiert er sein Verhalten gegenüber einem armen Liebhaber. Eher hätte Iuventius diesem ein Riesenvermögen schenken als sich so ohne weiteres von einem armen Schlucker lieben lassen sollen. Er weiß, was Iuventius als Gegenargument bringt: *non est homo bellus?* ,Ist er nicht ein schöner Mensch?' Der Sprecher gibt es zu, wiederholt aber die Tatsache, daß dieser Schöne arm ist, noch zweimal. Iuventius könne das nicht abstreiten.

Kein bedeutendes Gedicht, aber es zeigt typische Verhaltensweisen an einem untypischen Fall. Der schöne Iuventius findet einen anderen Schönen attraktiv. Catull läßt den Sprecher hier die Position eines Mahners annehmen, ohne deutlich zu machen, ob er nicht gleichzeitig Rivale des Bevorzugten ist. Daß er nicht vor der Liebe eines anderen Mannes an sich warnt, zeigt v. 6 *sic*, außerdem die anderen Iuventiusgedichte. Daß er im Grunde kein Argument gegen die einfache Begründung, die Iuventius für seine Hingabe gibt, anführen kann, zeigt die krampfhafte Wiederholung *neque servus est neque arca*. Wie besorgte Eltern auf ihre Tochter, so redet der Sprecher hier auf Iuventius ein. Er betont nicht — wie andere Dichter gegenüber der auf Geld erpichten oder ihm wenigstens nicht abholden Geliebten —, daß er klüger, gebildeter, findiger, eleganter, witziger als der Nebenbuhler ist, sondern pocht auf seinen mäßigen Wohlstand.

So erfüllt das Gedicht zunächst einmal die Aufgabe, einen Liebhaber zu verspotten, der bei Kasse, aber einfachen Geistes ist (ob Catull mit diesem oder mit dem bevorzugten Liebhaber zu identifizieren ist, muß nicht entschieden werden). Sodann verspottet es die Rede wirtschaftlich denkender Eltern: Hier spricht ein Mann oder ein junger Mann zu einem Jungen, und er will damit nicht einmal ,das beste' für ihn, sondern für sich selbst. So wird die Unvereinbarkeit jugendlicher und anderer Maßstäbe bei der Beurteilung eines Freundes deutlich: Attraktivität seelisch-körperlicher Art auf der einen, solide Finanzverhältnisse auf der anderen Seite. Bezeichnend, daß sich der Sprecher in Widersprüche verwickeln muß und so den Egoismus seiner Rede zeigt: Würde Iuventius tatsächlich dem Bevorzugten den Reichtum des Midas schenken, dann wäre dieser nun reich und nach den Maßstäben des Mahners ein akzeptabler Liebhaber — und Iuventius wäre vielleicht arm und an den Bevorzugten könnten nun Warnungen vor einer armen Partie ergehen.

Das Gedicht ist ein Scherz wie das — nicht in die Auswahl aufgenommene — Gedicht 21, zu dem deutliche Bezüge bestehen. In c. 21 wird aber gezeigt, wie attraktiv Aurelius Iuventius findet; daß er sich von Iuventius fernhalten soll, wird damit begründet, daß Iuventius kein Hungerleider wie Aurelius

werden solle und Aurelius drastische Strafen zu fürchten habe. In c. 24 wird
Iuventius vor Armut gewarnt, die Attraktivität des Partners (Aurelius?) wird
zugegeben, eine Strafe für den geliebten Iuventius verbietet sich. Zusammen
werden beide Gedichte ein Lob auf Iuventius und Aurelius und freundlicher
Spott, der den Verfasser mit einschließt.

---

c. 29

Gliederung:

1—10:	Vorwurf an Pompeius.
	1— 4 allgemeine Frage.
	5— 9 an Pompeius gerichtete Frage.
	10 Feststellung über Pompeius.
11—20:	Vorwurf an Caesar.
	11—14 an Caesar gerichtete Frage.
	15 allgemeine Frage.
	16 an Caesar gerichtete Frage.
	17—20 Feststellungen über Mamurra.
21—24:	Vorwurfsvolle Fragen an Caesar und Pompeius mit eingeschobenem Vorwurf an Mamurra.

Interpretation:

Mamurra (über ihn Textband zu 29,3) als Günstling des Pompeius und Cae-
sars wird nach allen Regeln der Kunst in Verruf gebracht und in und mit ihm
seine Gönner Pompeius und Caesar. Mamurras Stellung ist Ausdruck der
staatspolitisch schlechten, rein egoistischen Bestrebungen der politischen
Führer. Der wahre Herrscher scheint Mamurra zu sein, dem die Liebhaber
Pompeius und Caesar ihre Kriegsbeute zu Füßen legen.
W. Süss (Ethos, S. 247 ff., zitiert auch bei K. Vrestka (Hrsg.): C. Sallustius
Crispus, Invektive und Episteln, Bd. I, Heidelberg 1961, S. 11) nennt die folgenden traditionellen Gemeinplätze der antiken Invektive: „1) Vater und
Sohn sind Sklaven; 2) oder nichtgriechischer Herkunft; 3) der Angeklagte be-
treibt irgendein Gewerbe, das ihn entehrt, die Mutter ist Prostituierte; 4) es
werden Diebstahl, Tempelraub, Einbruch o. ä. vorgeworfen; 5) breitesten
Raum nehmen die sexuellen Vorwürfe ein, wiewohl schon bei Anaximenes
(228,11 Sp.) davor gewarnt wird; 6) Haß gegen Freunde und Vaterstadt;
7) finsteres Wesen; 8) Auffälligkeiten in Kleidung, Auftreten, Aussehen;
9) Feigheit vor dem Feind; 10) finanzieller Ruin." Von diesen Gemeinplät-
zen finden sich in c. 29: Nr. 3: Mamurra treibt ein entehrendes Gewerbe
v. 13); Nr. 5: vielfache sexuelle Vorwürfe: (a) an Mamurra (7 f., 13); (b) an
Pompeius (5, 9); Nr. 6: Haß aufs Vaterland (11—20, 24); Nr. 8: äußere Auffälligkeiten (8); Nr. 10: finanzieller Ruin (21 f.).
Der Angriff beginnt mit einer Frage, die allgemein gehalten ist und Beurtei-
lungskriterien nennt. Es wird sodann festgestellt, daß Pompeius die genannten Zustände hinnimmt, so daß er mit Recht — der Einleitung gemäß —
impudicus et vorax et aleo genannt werden kann — das Polysyndeton unterstreicht es. Sodann wird Caesar Pompeius gleichgestellt, dem Leser wird

durch eine an Caesar gerichtete Frage suggeriert, seine militärischen Unternehmungen hätten ihre Ursache in den materiellen Wünschen eines verschwenderischen und unersättlichen Lieblings. Immer größer werden die verschwendeten Vermögen: erst das väterliche (17), dann die Beute aus Pontus (18), dann die aus dem Goldland Spanien (18—19), nun die aus zwei beutereichen Ländern, Gallien und Britannien (20). Schließlich wird beiden führenden Politikern zusammen vorgeworfen, ihr weltweites Zerstörungswerk könne allein in ihrer sexuellen Abhängigkeit von Mamurra ihre Ursache haben. Empörte Fragen fast im ganzen Gedicht, Alliterationen (1,1), Wiederholungen (2—10, 11—23), Anaphern (1, 16, 21), Klangwirkungen (*superbus et superfluens* 6, *eone nomine* 11, 23, *-ies -es -ies* 14), obszöne Beiwörter (5, 9) und Metonymien (13) tun ein übriges für die Wirkung des Gedichts. *Semper aliquid haeret* — wie bei Cato (c. 56) und Caesar (c. 59) wird ihr offizielles Auftreten durch die Verklammerung mit Obszönem und Niedrigem in Frage gestellt, wird ihre Propaganda zerstört, werden ihre Ziele als niedrig oder niedrig motiviert hingestellt.

Literatur:
D'Arms, E. F.: On Catullus 29,8: AJPh 53, 1932, 165—167.
Bickel, E.: Catulli in Caesarem carmina: RhM 93, 1949, 1—23.
Deroux, C.: Catulle, 29,13; Catulle, 29,20: Latomus 28, 1969, 487—489.
Frank, T.: The Subject of Catalepton 6 and 12: AJPh 59, 1938, 227 f.
Herescu, N. I.: Autour de l'ironie de Catulle: RCl 13/14, 1941—1942, 128—137.
Minyard, J. D.: Critical Notes on Catullus 29: CPh 66, 1971, 174—176.
Scott, W. C.: Catullus and Caesar (c. 29): CPh 66, 1971, 17—25.

---

c. 30

Gliederung:
1— 5:   Vorwurf der Untreue an Alfenus mit Berufung auf die Götter.
6— 8:   Schilderung des einstigen, ganz auf Treue und Dauer ausgerichteten Verhaltens des Alfenus.
9—10:   Schilderung seines kalten Treuebruchs.
11—12:   Warnung vor der Vergeltung durch Fides.

Interpretation:

Das Gedicht spricht einen Mann namens Alfenus an. Wer er genau ist — man vermutet den Juristen Publius Alfenus Varus, dem Vergil seine 6. Ekloge gewidmet hat und den er auch in der Ekloge IX (vv. 26—29) lobend erwähnt —, ist nicht gesagt und auch unwichtig gegenüber dem, was zu seinem Charakter und zu seinem Verhalten gesagt wird. Diese Aussagen haben Schwerpunkte in wenigen Wortfeldern, die alle die Treulosigkeit des Alfenus in einem Liebesverhältnis zum Sprecher des Gedichts zeigen. Der Sprecher bezeichnet sich in typisch erotischer, teils liebkosender, teils werbender Sprache als *dulcis amiculus* (2), dann als *miser* (5), der verlassen wird und so in Not ist (*in malis* steht gleichsam konsekutiv erst nach *deseris*; erst, als Alfenus den Freund verläßt, befindet sich dieser *in malis*). Er hat sein ganzes Wesen, seine eigene Person zugunsten des Alfenus aufgegeben, um ganz für ihn in Liebe dazusein (*animam tradere* v. 7, das bedeutet noch mehr, als wenn Horaz c. I 3,8 Vergil *animae dimidium meae* nennt). Es ist sogar möglicherweise seine erste Liebe überhaupt gewesen (*inducens in amorem* v. 8), und mit allem Optimismus und aller Totalität, die dabei üblicherweise vorhanden ist, hat er dieses Verhältnis für ewig und für die Erfüllung gehalten (*tuta* v. 8, *unanimis sodalibus* v. 1). Die Enttäuschung über die kurze Dauer des Verhältnisses ist groß, und es werden nun göttliche und menschliche Instanzen bemüht, um die Größe des Vergehens, die Größe des Schmerzes und die Größe der drohenden Strafe sichtbar zu machen.

Die Größe des Vergehens wird so bezeichnet:
— personal in der Ich-Du-Beziehung durch *inmemor, false* (v. 1), *dure* (v. 2),
— mit gesellschaftlicher Wertung durch *prodere, fallere, perfide* (v. 3),
— mit Rekurs auf die Götter, wobei der Fall des Sprechers generalisiert und mit allen vergangenen und künftigen gleichgestellt wird, in *facta impia fallacum hominum* (v. 4), *neglegis* (v. 5; *quae* ist Wiederaufnahme von *nec facta impia ... caelicolis placent*, Alfenus — so sagt der Sprecher — berücksichtigt diesen Umstand nicht; es ist wenig sinnvoll, *quae* auf ein bestimmtes Wort beziehen zu wollen).

Die Größe des Schmerzes wird so bezeichnet:
— mit gesellschaftlicher Wertung (wie zuvor schon beim Rekurs auf die Götter generalisiert und auf alle künftigen Fälle bezogen): *quid faciant ... cuive habeant fidem*,
— personal in der Ich-Du-Beziehung: *inique* v. 7, *... irrita ... ferre ... sinis* v. 10.

Die Größe der drohenden Strafe, die von der rächenden Fides kommen werde, wird durch den wiederholten Rekurs auf die Götter gekennzeichnet.

Die verschiedenen Aussagen sind so geordnet, daß die Warnung vor der drohenden Bestrafung am Schluß steht, während die Größe des Vergehens und die Größe des Schmerzes nicht nacheinander, sondern miteinander verwoben dargestellt werden. So entspricht es der Realität und dem Affekt, den der Dichter darstellt. Zwischen den verschiedenen Aussagen spielen vielerlei semantische Wiederaufnahmen und Anspielungen hin und her. Die wichtigsten: *inmemor* 1 — *neglegis* 5 — *meminerunt, meminit* 11 — *ut paeniteat postmodo* 12; *unanimis* 1 — *animam tradere* 7; *false* 1 — *fallere* 3 — *fallacum* 4; *perfide* 3 — *fidem* 6 — *Fides* 11.

Auch innerhalb der einzelnen Aussagen finden sich bezeichnende Oppositionen: *unanimis false sodalibus* v. 1 (das Mitglied der *sodales* erweist sich, wie auch die Wortstellung anzeigt, als Fremdkörper); *dure — dulcis* v. 2; *fallacum hominum — caelicolis* v. 3; *tradere — inique* v. 7; *oblitus — meminerunt* v. 11. Ebenso sind häufig mehrere Worte durch Alliterationen zusammengefaßt und bilden so eine betonte Einheit: *dure, tu dulcis* v. 2; *me miserum* v. 5; *te ac tua* v. 9; *paeniteat postmodo facti faciet* v. 12. Das gleiche bewirken die Anapher von *iam* in den Versen 2—3 und von *meminerunt/meminit* v. 11 sowie das Homoioteleuton *certe — tute* v. 7.

Schließlich ist das Gedicht Catulls einziges im sapphischen Sechzehnsilbler oder Asclepiadeus maior und hat schon dadurch eine Ausnahmestellung. Das

46

Metrum hebt, wenn zwei Caesuren im Vers verwendet werden, einen chor-iambischen Mittelteil ($-\smile\smile-$) durch Isolierung heraus, so in Vers 1 *unani-mis*, in Vers 2 *dure tui*, in Vers 3 *non dubitas*, in Vers 5 *me miserum*, in Vers 6 *dic, homines*, in Vers 9 *te ac tua dicta*. In anderen Versen vermeidet Catull die Caesur vor dem Choriambus oder die danach oder beide, trennt so Zu-sammengehöriges (v. 7) oder macht eine kunstvolle Pause (v. 11 nach *at*) und bringt dann Zusammengehöriges ohne Caesur oder er bewirkt den Eindruck der Atemlosigkeit (vv. 4, 7, 8, 10) oder sorgt für einen langen Spannungsbo-gen am Schluß (v. 12).

Literatur:

Vessey, D. W. T. C.: Thoughts on two Poems of Catullus: 13 and 30: Latomus 30, 1971, 45—55.

---

c. 32

Gliederung:

Interpretation:

Das Gedicht 32 hat die Form eines Briefes oder Billets und will durch einen Stilbruch wirken. Es beginnt mit einer langen werbenden Anrede an Ipsitilla, deren Vokabular aus anderen Gedichten bekannt ist (*dulcis* 99,2; *deliciae* 2,1; 3,4; 6,1; *lepores* 50 7; 16,7; vgl. *lepidus* in 6,2 und 17). Danach befiehlt der Sprecher ihr, ihm zu befehlen, zu ihr zu kommen — zum Mittagsschläf-chen. In umständlicher und erschöpfender Form führt er sodann auf, was alles sie dabei beachten oder vermeiden soll; dabei spricht er in der feierli-chen Sprache der Gesetze (*si*-Satz, Imperativ II, Berücksichtigung aller Even-tualitäten). Der Kontrast zum folgenden wird so umso schärfer. Das Gesetz trifft Anweisungen für ein Schäferstündchen und zwar für ein intensives und extensives, wie Vers 8 zeigt, dessen letztes Wort mit dem obszönen Aus-druck *fututiones* den Knalleffekt des Stil- und Niveauwechsels bringt und damit rückwirkend ein neues Licht auf die Verse 1—8 wirft. Der Schluß for-dert, wieder in Gesetzessprache, Eile und verkündet sodann zur Begründung dieser Forderung in gesucht formulierter, erschöpfender, alliterierender, episch-syndetischer Form Catulls sexuellen Notstand nach dem Frühstück. Ein Scherz, der von der Übertragung hoher Sprache auf einen nicht dazu pas-senden Gegenstand und von der totalen Freiheit und Unbekümmertheit in der Darstellung menschlicher Regungen und Bedürfnisse lebt, gleichzeitig wohl zeigt, daß hinter vielen großen Worten und Taten einfache Regungen und Bedürfnisse stehen.

Literatur:

Gratwick, A.: Ipsithilla: a Vulgar Name. Catullus, XXXII. 1: Glotta 44, 1967, 174—176.

Das Gedicht 42 zeigt in ausführlicher Form Funktionen der Dichtung: Tadeln und Loben. Das eine ist hier mit Provozieren, das andere mit Schmeicheln verbunden. Beide Aktionen dienen einem Ziel: den Angesprochenen bzw. die Angesprochene zu einer bestimmten und erwünschten Reaktion, Handlung oder Haltung zu bewegen. Diese ist hier die Rückgabe der *codicilli*, der poetischen Aufzeichnungen des Autors. Es läßt sich c. 6 vergleichen, in dem ein Mann namens Flavius erst mit provozierenden Äußerungen, dann mit der Aussicht auf Rühmung dazu gebracht werden soll, den Freunden seine Geliebte vorzustellen.

Literatur:

Ficari, Q.: De Catulli carmine 42: Museum Criticum. Quaderni dell' Ist. di Filologia Classica dell' Univ. di Bologna 2, 1932, 331—332.
Fraenkel, E.: Two Poems of Catullus: JRS 51, 1961, 46—53.
Perrotta, G.: Il carme 42 di Catullo: A & R 12, 1931, 45—58.

c. 43 und c. 86

Interpretation:

Die Gedichte 43 und 86 rühmen beide die Schönheit Lesbias, einmal im Vergleich mit einer *puella* ohne Namen, das andere Mal im Vergleich mit einer Quintia. Zielrichtung der Gedichte und Preis der Schönheit in ihnen sind dennoch verschieden. In c. 43 soll die *puella* ohne Namen oder noch eher ihr genau umschriebener Freund (*decoctor Formianus* v. 5, d. i. Mamurra) getroffen werden, und die Schönheitsschilderung bleibt bei Äußerlichem. Indem er das Mädchen begrüßt und dann mit einer Reihe von Ablativformen in einer verdrehten Rühmung schmückt und in einer Klage über den mangelhaften Geschmack der Zeit endet, gibt er dem Gedicht einen ironischen Ton. Man kann aus dem Gegenteil dessen, was er an der *puella* vermißt, Catulls Schönheitsauffassung zusammenstellen: kleine Nase, schöngeformte Füße, schwarze Augen, schlanke, lange Finger, trockene Mundwinkel, gewählte Sprache.
In c. 86 soll die Vergleichsperson nicht geschmäht werden. Sie ist Kontrast und Folie für die Rühmung Lesbias. Quintias äußerliche Schönheit wird zugegeben: weiße Haut, groß und gerade gewachsen. Zu Catulls Begriff von Schönheit (er umschreibt ihn mit *formosa*) gehört mehr als solche Äußerlichkeit (die hier mit *pulcerrima tota* bezeichnet wird): Sein Schönheitsbegriff ist nicht statisch, sondern dynamisch; zur Schönheit gehört Ausstrahlung, die den Betrachter ergreift — wie etwa in c. 51 geschildert und wie es der göttlichen Kraft der Venus, der Göttin der Liebe und der Schönheit, entspricht, die deswegen gern als die golden Strahlende bezeichnet wurde. So behauptet

Catull am Schluß auch, Lesbia habe ganz allein allen anderen die *veneres* entrissen, die Venuskräfte. Auf ihn wirkt nur Lesbia.

Literatur:

Nakayama, T.: Schönheitsbegriff bei Catull und Properz (mit ital. Résumé): Annario Ist. giapponese di cultura 1, 1963—64, 61—74.

Quinn, K.: Latin Explorations, London 1963, 66—73.

Stahl, I. V.: La description de la beauté féminine dans la littérature romaine de la période republicaine (russisch): Acta Antiqua Hung. 13, 1965, 405—416.

---

c. 45

Gliederung: vgl. die Interpretation.

Interpretation:

C. 45 preist die Liebe und die Verliebtheit von Acme und Septimius. Alles ist eitel Wonne. Kein Schatten trübt das Glück. In der ersten Strophe vv. 1—9 hält der Mann sein Mädchen in den Armen und verspricht ihr ewige Treue und Liebe. Er schließt mit einer Selbstverfluchung: Andernfalls soll ihm ein Löwe in Libyen oder Indien begegnen, Anspielung auf das Verlassen der Heimat und das Aufsuchen der Gefahr. Catull kommentiert, daß Amor seinen Segen durch Niesen gebe.

In der zweiten Strophe vv. 10—18 liegt Acme in den Armen ihres Liebhabers, küßt ihn und verkündet ihre heiße Liebe, der sie mit Septimius ihr Leben widmen wolle. Der Kommentar Catulls ist derselbe wie vorher.

In der dritten Strophe vv. 19—26 gibt Catull ein zusammenfassendes Urteil und wendet sich mit einer Frage an die Öffentlichkeit. Er macht die völlige Übereinstimmung der Liebenden und ihre Ausrichtung ganz auf den Partner deutlich (*mutuis animis amant, amantur, unam ... misellus ... uno ... fidelis*) und bestätigt ihr inneres Glück (*beatiores*) und ihren äußerlich sichtbaren göttlichen Segen (*venerem auspicatiorem*) durch eine rhetorische Frage, wer je größeres Glück gesehen habe.

Literatur:

Baker, S.: The Irony of Catullus' 'Septimius and Acme': CPh 53, 1958, 110—112.

Comfort, H.: Analysis of Technique in Catullus XLV: TAPhA 69, 1938, 33.

Dietz, H.: Zu Catulls Gedicht von Acme und Septimius: Symbolae Osloenses 44, 1969, 42—47.

Edwards, J. B.: The Irony of Catullus 45: TAPhA 59, 1928, 23 (XXIII).

Gigante, M.: Il carme 45 di Catullo o il canto dell'amore: GIF 4, 1951, 323—327.

Khan, K. A.: Catullus XLV: What Sort of Irony?: Latomus 27, 1968, 3—12.

Oldfather, W. A.: The Sneeze and Breathing of Love, in: Classical Studies presented to E. Chapps on his seventieth Birthday, Princeton (Univ. Press) 1936.

Ross, Jr., D. O.: Style and Content in Catullus 45: CPh 60, 1965, 256—259.

Schindler, P.: Der Lehrer der Alten Sprachen, Stuttgart 1950, S. 149—158.

Schuster, M.: Septimius und Akme: Mitt. des Ver. Klass. Phil. Wien 7, 1930, 29—42.

Stearns, J. B.: On the Ambiguity of Catullus 45, 8/9 (= 17/18): CPh 24, 1929, 48—59.

Gliederung:

1—2: Voraussetzung: Wenn jemand zuläßt, daß Catull Iuventius küßt.
3: Folgerung: unersättliches Küssen.
4: Aussage für die Zukunft: Catull wird unersättlich bleiben.
5—6: Steigerung dieser Aussage durch Annahme der Voraussetzung, daß bereits unzählige Küsse geküßt wurden.

Interpretation:

In Gedicht 48 spricht ein nicht näher bezeichnetes Ich einen Mann namens Iuventius an. Aus dem Namen ist zu schließen, daß dieser Mann zum vornehmen Geschlecht der Juventier und damit zur römischen Nobilität gehört. Die Situation, die in einem anderen Kußgedicht an Iuventius, c. 99, angenommen wird, legt nahe, daß es sich um einen jungen Mann oder um einen ‚Knaben' handelt (wofür eventuell das unbestimmte *dum ludis* 99,1 spricht) und daß in beiden Gedichten der Sprecher eine männliche Person (vgl. 99,4 *suffixum*) ist. Es handelt sich somit wohl auch bei c. 49 um ein homoerotisches Gedicht. Es bleibt allerdings festzuhalten, daß c. 48 so formuliert ist, daß man sich auch eine Frau als Sprecherin denken könnte. Freilich entspricht dies eher einer modernen Auffassung der Frau, während der römischen Antike eine derartige Aktivität einer Frau fremdartig erschiene. Wer also im Unterricht zunächst die Vorstellung hat, es könne eine Frau Sprecherin des Gedichts sein (die Ich-Form läßt freilich auf Catull selbst verfallen), muß über die römische — und eventuell auch griechische — Auffassung von der Frau informiert oder aber an bereits erfolgte Informationen erinnert werden (vgl. c. 61, 109 B). Catull ist der erste römische Dichter, der ein homoerotisches Gedicht voller Schwärmerei und Zartheit schreibt und es lebenswirklich dadurch macht, daß er es in eigenem Namen spricht und an ein Mitglied einer respektierlichen Familie richtet, das Verhalten nicht durch ausländische, komische oder sonstwie despektierliche Personen vertreten und ins Lächerliche ziehen läßt. Es gibt für ihn keine Beschränkungen der Liebe und er scheut sich — ganz im griechischen Sinne — nicht, auch offizielle verpönte Formen der Liebesbeziehungen auszusprechen und ihre Parallelität zur Heterotropie zu zeigen. Er verstößt so sicher — wie schon mit seinen Lesbiagedichten — gegen römische Normen, ist Oscar Wilde vergleichbar, der seine Beziehung zu Lord Douglas nicht verleugnet hat, und übertrifft fast moderne Dichtungen dieses Genres, die oft von einer Verteidigungsstellung her geschrieben sind, ist Nachfolger des in seinen Epigrammen faßbaren liebenden Plato.

Für die Interpretation des Gedichtes 48 sind — nach der grundsätzlichen Überlegung zur Person des Sprechers und des primären Adressaten — die folgenden sprachlichen und stilistischen Beobachtungen wichtig: (1) Das Gedicht ist ein einziger Satz, dessen Teile chiastisch angeordnet sind: Kondizionalsatz 1—2, Hauptsatz 3, mit *nec* angeschlossener weiterer Hauptsatz 4, Kondizionalsatz 5—6. Dadurch gewinnt das Gedicht eine nachdrückliche — manche würden sagen ‚epigrammatische' — Form, die die Einheit des Gedankens verdeutlicht, möglicherweise den Eindruck von ‚Atemlosigkeit' (so

Quinn in seinem Kommentar, S. 233) hervorruft. (2) Der gesamte Satz ist hypothetisch, als Potentialis formuliert; es handelt sich also um eine als verwirklichbar gedachte Aussage, die noch nicht Realität geworden ist. Was an der Realisierung hindert, ist nicht gesagt, nur dies, daß die Verwirklichung nicht Catulls eigener Initiative überlassen ist, sondern von der Erlaubnis einer anderen, mit *quis* umschriebenen Person abhängt. Diese Person kann nicht der Herr oder Freund des Iuventius sein — dieser würde nicht mit einem Indefinitpronomen umschrieben werden können —, ist aber offenbar eine Person, die an Stelle des Iuventius entscheidet. So ist wahrscheinlich, daß Iuventius selbst nicht an Catull interessiert ist, Catull sich von einem gütigen Gott oder einem günstigen Geschick eine Änderung erträumt. (3) Eine Vielzahl von Ausdrücken sowie die Metapher und der Vergleich in den Versen 5—6 zeigen, daß die Liebe des Sprechers unersättlich ist und sich in Sehnsucht verzehrt: die Augen sind honigsüß (*mellitos*), er erhofft sich dauerndes (*usque*) Küssen und will dies mit einer unendlich hohen Zahl (*ad milia trecenta*) verwirklichen; er sagt selbst, daß er wohl nie gesättigt wird (*numquam videar satur futurus*) und unterstreicht das vorher und nachher mit einer weiteren Verneinung (*nec, non*). Mit weiteren Ausdrücken aus dem Bereich der Ernährung spricht er vom Saatfeld (*seges*) der Küsse — wobei er diese mit *nostrae osculationis* als zusammenhängende Aktion beider Partner kennzeichnet —, von einem Saatfeld, das nicht einmal dann ausreiche, wenn es dichter stehe als trockene, ausgereifte Ähren. (4) Die Vielzahl der s-Laute in diesem Gedicht (23 s-Laute auf sechs Verse, d. h. im statistischen Durchschnitt 3,8 s-Laute pro Vers) lassen sich nicht genau deuten, möglicherweise als Flüstern (so Stoessl) oder analog zu der sich im Satzbau möglicherweise ausdrückenden Atemlosigkeit.

Insgesamt drückt das Gedicht die Unerreichbarkeit eines attraktiven Knaben und die verzehrende Sehnsucht eines Liebhabers aus. Mit den Gedichten 5 und 7 hat es nur das Kußmotiv an sich und die Vielzahl der Küsse gemeinsam; es zeigt sich auch in allen drei Gedichten eine gewisse Unersättlichkeit. Aber c. 48 unterscheidet sich von c. 5 und c. 7 — außer in der anderen erotischen Ausrichtung — durch die Hypothesenhaftigkeit, die verzehrende Sehnsucht und dadurch, daß keine tiefergehende Auslegung als eben die Unersättlichkeit möglich und durch die Vergleiche nahegelegt ist. In c. 5 und c. 7 stand hingegen immer auch ein Unendlichkeitsaspekt im Hintergrund.

Das Gedicht ist also homoerotisch im S. 8 unter 2.2.6 genannten Sinn: der Sprecher will das Wesen des Angesprochenen genießen und verzehrt sich in der Sehnsucht nach diesem Genuß.

Literatur:

Ramminger, A.: Motivgeschichtliche Studien zu Catulls Basiagedichten. Mit einem Anhang: Aus dem Nachleben der Catullischen Basiagedichte: Würzburg 1937 (Diss. Tübingen 1937).

Richardson, L.: Furi et Aureli comites Catulli: CPh 58, 1963, 96—97.

Stoessl, F.: Die Kußgedichte des Catull und ihre Nachwirkung bei den Elegikern: WSt 63, 1948, 102—116.

Die rühmende epische Anrede an Cicero (vgl. c. 24,2—3) mit der Umschreibung der Römer als *Romuli nepotes* (vgl. 58,5!) nimmt für den Schreiber ein, spricht Cicero den Titel zu, den er gerne für sich beanspruchte (vgl. etwa *Brutus* 314, 318, 321), und ist so geeignet, Cicero für den Schreiber einzunehmen. Man weiß aber, daß Cicero Catulls Gedichte aus vielerlei Gründen ablehnte (vgl. Einleitung zum Textband, Abschnitt 6). Der rühmenden Anrede, die Cicero so herausstellte, folgt eine überschwengliche Danksagung (*gratias maximas*); wofür, wird nicht gesagt und kann aus dem erschlossen werden, was man von Ciceros Beurteilung Catulls weiß und wie sich Catull selbst bezeichnet: *pessimus omnium poeta.* Der Superlativ *pessimus* signalisiert einen Bezug zu der Superlativform des Eingangs, *disertissime.* Es scheint sich zunächst um eine gewaltige Demutsgeste zu handeln. Steckt aber in dieser Formulierung Ciceros Urteil, so ist der Dank selbstverständlich ironisch. Diese Ironie wird durch den abschließenden Größen- und Qualitätsvergleich vollends deutlich, der Catulls (angebliche) mangelnde poetische Qualität in eine feste Relation zu Ciceros (angeblicher) advokatischer Qualität stellt. Ein Lob aus dem Munde eines so schlechten Dichters kann, da es ja um Beredsamkeit geht, gar nicht als Lob und Anerkennung angesehen werden, im Gegenteil: wenn Cicero Catull für einen so schlechten Poeten hält, kann ihn das Lob eines als unqualifiziert angesehenen Literaten nur herabziehen, auf dessen Stufe stellen und in den Augen der Öffentlichkeit blamieren, zumal gerade in Rom immer darauf geachtet wurde, von welchem Ansehen der war, der lobte oder tadelte.

Catull zeigt die Problematik negativer und positiver Kritik. Wen man kritisiert, den hält man in der Regel immerhin für der Kritik wert. Und die Zustimmung eines unqualifizierten Rezensenten kann zumindest in den Augen des kritischen Autors (hier Ciceros) peinlich, ja in höchstem Maße ärgerlich sein, weil man Beifall von der falschen Seite bekommt. Ebenso kann die Ablehnung durch einen unqualifizierten Rezensenten einen Autor (hier Catull) nur bestärken. Man kann also insofern den Dank Catulls sogar als echt ansehen.

Literatur:

Allen, W.: Catullus 49 and Sallust's Bellum Catilinae: CJ 32, 1937, 298.
Buchheit, V.: Literarische Kritik an T. Annius Cimber (Verg. catal. 2), Cicero (Cat. c. 49) und Sestius (Cat. c. 44), in: W. Wimmel (Hrsg.): Forschungen zur römischen Literatur, Festschrift K. Büchner, Wiesbaden 1970, 37—45.
Collins, J. H.: Cicero and Catullus: CJ 48, 1952, 11—17 und 36—41.
Dinoi, A.: Il carme 49 del Liber Catullianus: Vichiana 5, 1968, 5—20.
Ferguson, J.: Catullus and Cicero: Latomus 25, 1966, 871—872.
Laughton, E.: Disertissime Romule nepotum: CPh 65, 1970, 1—7.
Laughton, E.: Catullus 49, an Acknowledgment: CPh 66, 1971, 36—37.
Melichar, J.: Zu Catull 49: Mitt. des Ver. klass. Philol. in Wien 10, 1933, 127—131.
Romano, D.: Il significato del c. 49 di Catullo: Aevum 28, 1954, 222—229.
Salanitro, N.: Intorno al carme 49 di Catullo: Potenza 1935.
Salanitro, N.: Il carme 49 di Catullo: Miscellanea di studi latini, Neapel 1938.

Thomson, D. F. S.: Catullus and Cicero, Poetry and the Criticism of Poetry: CW 60, 1967, 225—230.

Westendorp Boerma, R. E. H.: Once more Catullus 49 and Cicero, in: In memoriam E. V. Marmorale, Neapel 1967, Bd. II, 433—436.

Wormell, D. E. W.: Catullus 49: Phoenix 17, 1963, 59—60.

c. 50

Gliederung:

 1— 6: Schilderung des Zusammenseins mit Licinius.
 7—13: Schilderung der Sehnsucht nach Licinius nach dem Abschied.
14—17: Schilderung des Anlasses dieses Gedichts, das Ergebnis der Bezauberung und der Sehnsucht ist.
18—21: Warnung vor Zurückweisung der Bitte um das erneute Zusammensein.

Interpretation:

Das Gedicht 50 ist an C. Licinius Calvus Macer gerichtet, der Dichter und Rhetor war, zum Kreis der Neoteriker gehörte und Liebesgedichte, ein Epyllion ‚Io‘, ein Epithalamium (Hochzeitslied), ein Epikedion (Trauergedicht) auf seine Frau und Verse gegen Pompeius, Caesar und dessen Günstling Tigellius schrieb. Catull spricht ihn in den Gedichten 53 und 14 sehr ironisch an, zeigt aber gleichzeitig in c. 14 seine herzliche Zuneigung, wenn er ihn *iucundissimus* nennt (v. 2) und sagt, er liebe ihn mehr als seine Augen (v. 1). Im Gedicht 96 versucht er, Calvus beim Tod seiner Frau mit der Erinnerung an die alte Freunschaft und Zuneigung zu trösten, die sie verbunden hat. Dieses Vorwissen kann den Leser darauf vorbereiten, daß Catull und Calvus sowohl durch gemeinsame poetische Tätigkeit und gemeinsame poetische Ziele als auch durch sehr persönliche Gefühle verbunden sind. Aber auch ohne dieses Vorwissen kann er dies bei entsprechenden sprachlichen Beobachtungen aus dem Gedicht 50 herausarbeiten. Es schildert eine Entwicklung in drei Abschnitten (die einleitende Gliederung folgt anderen Gesichtspunkten): Tag vv. 1—6, Nacht vv. 7—21, neuer Tag, an dem nach den Voraussetzungen des Textes das Gedicht 50 abgesandt wird (die von Lavency versuchte Verbindung der Gedichte 50 und 51, nach der *hoc poema* 50,16 auf c. 51 verweisen könnte, ist unwahrscheinlich, erst recht seine auf dieser behaupteten Verbindung beruhenden — freilich originellen — Interpretationen). Die Entwicklung beginnt mit einem heiter-unverbindlichen Zusammensein von Calvus und Catull, der mit dem Ich des Gedichts gleichgesetzt werden kann. Nach dem Auseinandergehen wächst in Catull die Sehnsucht nach einem erneuten Zusammensein mit Calvus. Catull zeigt alle Zeichen einer Verzauberung durch Calvus und einer Verliebtheit. Er ist *incensus* (8) ‚entbrannt‘, will nicht mehr essen (9), kann nicht mehr schlafen (10), solange er von Calvus getrennt ist, *furor* ‚Raserei‘ hat ihn ergriffen (11), er wälzt sich schlaflos auf dem Bett hin und her und wartet, daß der Morgen kommt und er wieder mit Calvus zusammen sein kann (12 f.), halbtot liegt er auf seinem Bett (14 f.), sein Zustand heißt *dolor* ‚Schmerz‘ (17). Das alles sind Erscheinungen der Verliebtheit. Sie sind aus der Schilderung des Gedichts verständlich, aber auch durch den Vergleich mit anderen Schilderungen, wie Menschen von der Liebe überfallen werden, sowohl bei Catull (c. 51) als auch bei anderen Dichtern. Schließlich werden sie auch durch die Erinnerung daran verständlich, wie Plato in seinem Symposion (Gastmahl) 192b—e das unbedingte Streben der Liebenden nach vollem Zusammensein schildert, im Symposion 211d (wo es bei der Schilderung der Vereinigung mit dem wahrhaft Schönen heißt, daß der Liebende ‚weder essen noch trinken‘ möchte, ‚sondern nur anschauen und mit ihm verbunden sein‘) und im Phaidros 250c—252b das Streben nach dauerndem Zusammensein mit dem (geliebten) Schönen schildert (im Phaidros heißt es, daß der Seele durch den Anblick des Schönen das Gefieder wächst, das es einst hatte und mit dem es sich nun zur Schau des Schönen emporschwingen kann, und daß die Trennung vom Schönen körperlich-seelische Unlustgefühle (‚ein Wüten und Sich-Ängstigen der Seele‘ 251d) hervorruft). Außerdem weisen auf den erotischen Zusammenhang des Gedichts die Deminutiva (Verkleinerungsformen) *versiculos* ‚Verschen‘ (4) und *ocellos* ‚Äuglein‘ (10) hin, die Anrede *iucunde* ‚Wohltuender‘ (16) und *ocelle* ‚Äuglein‘ (19) sowie die am Schluß erfolgende Warnung vor der Nemesis. Die Vergeltungsgöttin Nemesis hat sei hellenistischer Zeit besondere Bedeutung im erotischen Bereich, indem sie jede Hybris in diesem Bereich bestraft, oft so, daß sie den anfänglich Spröden nun seinerseits vor Liebe vergehen verläßt (vgl. z. B. die Echo-Narcissus-Geschichte bei Ovid, Metamorphosen III, besonders Vers 6). Aber bereits die platonischen Klänge haben gezeigt, daß hier nicht mehr einfach eine Zuweisung an eine der Stufen Sexus, Eros, Philia möglich ist. Man kann selbstverständlich hier den Wunsch nach dem Genuß der Eigenschaften des Calvus sehen und das Gedicht daher der Homoerotik zuordnen. Aber spätestens hier kann auch der Schüler erkennen, daß es Bereiche des Eros gibt, die in unserer Zeit fast völlig mit Schweigen übergangen werden: der platonische Eros ist ja ein geistiger und gleichzeitig ein höchst aktiver Eros. Und so will Catull hier nicht nur den Charme und den witzigen Geist des Licinius genießen (v. 8—9), sondern er empfand beides erst bei gemeinsamer geistig-künstlerischer Tätigkeit (vv. 1—6), er ersehnt beides für erneute geistige Tätigkeit (v. 13, wo ja auch von *loqui* ‚sprechen‘ die Rede ist), und selbst während der Trennung befruchtet ihn der Schmerz darüber zu geistiger Aktivität, er schafft ein *poema*, ein kleines, aber anspruchsvolles Kunstwerk, vielleicht mehr als die *versiculi* des Verses 4.

Der Geist, die starke Ausstrahlung eines Künstlers und Könners und deren erotische Attraktivität, schließlich der Genuß, mit einem Geistesverwandten zusammenzusein, das sind die Themen dieses Gedichtes. Dem entsprechen Vokabeln, die Geistiges wie Erotisches meinen können: *ludere* (2) bedeutet geistiges Spiel und erotische Tändelei, wird aber durch *in meis tabellis* gleich auf Geistiges eingeschränkt, *delicatos* (3) wählerisch und homosexuell, *versiculi* (4) ausgefeilte Verse und erotisch-laszive Verse. Dem entspricht die Schilderung des Ambiente: sie haben sich vom Alltag freigemacht (*otiosi* 1), sie wechseln sich in spritziger Laune mit dem Erfinden von Versen und in den verwendeten Rhythmen ab (4—6), man trinkt und scherzt (6). Und dem entspricht die Funktion, die dem Gedicht in diesem selbst gegeben wird: es ist Werbung, soll Licinius verpflichten, ist — an ihn geschickt — Bitte (*preces*

18), die die *cupido,* die Begierde der Verse 12—13 (nämlich mit Licinius zu sprechen und mit ihm zusammenzusein), ausdrücken und erfüllt sehen will. Die abschließende Warnung vor Sprödigkeit und der damit verbundenen Rache der Nemesis ist dementsprechend nicht nur eine Warnung, die Zuneigung des Absenders zu verschmähen, sondern auch eine Warnung, damit einen notwendigen Gesprächs- und Geistespartner zu verlieren. Denn dann wäre Calvus — so scheint Catull vorauszusehen — ebenso allein mit seinen dichterischen Vorstellungen wie Catull, die Vergeltung wäre schon eingetreten.

Literatur:

Frank, T.: Cicero and the Poetae Novi: AJPh 40, 1919, 396—415.
Fraenkel, E.: Catulls Trostgedicht für Calvus: WSt 69, 1956, 278—288.
Gruen, E.: Cicero und Licinius Calvus: HSPh 71, 1966, 215—224.
Lavency, M.: L'ode à Lesbie et son billet d'envoi: AC 34, 1965, 175—182.
Pucci, P.: Il carme 50 di Catullo: Maia 13, 1961, 249—256.
Segal, C. P.: Catullan otiosi: the Lover and the Poet: G & R 17, 1970, 25—31.
Scott, W. C.: Catullus and Calvus: CPh 64, 1969, 169—173.

---

c. 51

Gliederung:

1 — 5 a:Wer Lesbia sehen und hören kann, ohne daß sich ihm die Sinne verwirren, scheint ein Gott zu sein.
5b—12: Schilderung der Betroffenheit Catulls bei Lesbias Anblick.
13 —16: Warnung vor dem otium.

Interpretation:

Das Gedicht 51 enthält Probleme für die Wissenschaft und für die unterrichtliche Behandlung. Der Vergleich der Strophen 1—3 mit Sapphos Gedicht (fr. 2D) bietet für Schüler, die kein Griechisch können — und das ist die erdrükkende Mehrheit —, Schwierigkeiten; aus einer deutschen Übersetzung lassen sich die feinen Unterschiede zwischen Catulls und Sapphos Version schwer herausarbeiten. Es muß dennoch versucht werden, um die Eigenart Catullischen Dichtens und insbesondere dieses Gedichts zu erfassen.

Zunächst sollten die Strophen 1—3 inhaltlich erarbeitet werden, ohne daß auch nur der Name Sappho gefallen ist. Ein Blick auf die metrische Struktur lehrt, daß jeweils drei gleichartige Verse von einem anders strukturierten Vers abgeschlossen werden, daß aber in der zweiten Strophe die vierte Zeile fehlt. Man kann die Verse metrisch analysieren und benennen und damit auf das Vorbild Sapphos pauschal verweisen. Es könnte einen Grund haben, daß Catull den Sapphischen Elfsilbler verwendet. Es könnte aber auch einen Grund dafür geben, daß in der zweiten Strophe der Adoneus fehlt (er sollte nicht vorschnell ergänzt werden): musikalisch gesehen — und es handelt sich ja um ein Lied — entspricht das Fehlen des Adoneus einer Pause.

Die Texterschließung kann mit dem Auftrag beginnen, die in den Strophen 1—3 genannten Personen festzustellen. Es sind in der Reihenfolge des Textes ein ‚Besprochener‘ *ille*, ein Sprecher *mi* und eine Angesprochene *te* (die sich erst in v. 7 als Frau identifizieren läßt). Den drei Personen lassen sich nun die einzelnen Informationen des Textes zuordnen:

ille: *par esse deo videtur; si fas est, superare divos; qui … spectat et audit;*
te: *dulce ridentem;*
mi: *misero quod … eripit … mihi; aspexi; nihil est super mi, sed … nocte.*

Die Beachtung der Konnektoren hilft die Zuordnung der Informationen zu erkennen, die Beachtung der semantischen Kohärenz macht den Zusammenhang klar: das *spectat et audit* des *ille* wird in *omnis sensus* — nunmehr auf Catull, den Sprecher, bezogen — zusammengefaßt, dann wird das *omnis sensus eripere* wieder aufgesplittert in *lingua torpet, flamma demanat, tintinant aures* und *teguntur lumina*. Jetzt wird auch deutlich, warum nach der zweiten Strophe eine Pause steht: sie verdeutlicht das ‚nichts ist mir übrig‘, das völlige Versagen der Sinne, das Unvermögen, sogleich zu sprechen. (Die Ergänzung *vocis in ore* oder *Lesbia vocis* würde nur *lingua torpet* umschreiben und bringt nichts Neues, sie ist unnötig.) Die Wirkungen des Anblicks der Geliebten auf den Liebhaber sind in ihrer psychosomatischen Komplexität geschildert. (Auf das Motiv der ‚Liebe als Krankheit‘ einzugehen, erübrigt sich; der psychosomatische Aspekt muß klar werden und wird es ohne Vergleich; ein bloßes Stellensammeln würde im Gegenteil die Interpretation verflachen.)
Die Zuordnung der einzelnen Informationen des Gedichts zu den drei vorkommenden Personen und ihre quantitative Ungleichheit zeigen: Das Aushalten des Anblicks und des süßen Lachens verlangt übermenschliche, ja übergöttliche Kraft: auch die Götter könnten von dem Anblick Lesbias getroffen und schwach werden; der *ille* ist eine hypothetische Person. — Der Anblick und das Lachen Lesbias rauben dem Menschen Catull alle Sinne und erweisen ihn als *miser*, das heißt als einer bestimmten Situation ‚nicht gewachsen‘; er ist unterlegen und nicht fähig, Lesbias Anblick und ihr Lachen, das heißt ihre Ausstrahlung zu genießen oder wenigstens zu ertragen. — Von der Angesprochenen ist sehr wenig direkt gesagt. Alles liegt in ihrer Wirkung. Durch ihre Wirkung wird sie als göttlich oder gar übergöttlich erwiesen; wie die goldenstrahlende Aphrodite übt sie eine unwiderstehliche Wirkung auf alle ihr Begegnenden aus, der sich keiner entziehen kann.
Stilistische Eigenheiten unterstreichen die Wirkung des Gedichts und verdeutlichen seine Intention: Der eingangs erwähnte *ille* wird im Er-Stil der Prädikation und sodann im Relativstil glücklich gepriesen; in Zeile 5 ist *misero* betont vor den *quod*-Satz gestellt und kommt so in einen harten Gegensatz zu *dulce ridentem* — zusätzlich zu seiner Funktion, den Gegensatz zu *par deo* auszudrücken; in Zeile 10—11 wird das Dröhnen in den Ohren nicht nur durch das lautmalende Wort *tintinant* ausgedrückt, sondern durch den Zusatz *sonitu*, durch das eigens hinzugefügte *suo* und durch dessen Suffix *-pte* sowie durch die Alliteration *sonitu suopte*; die Enallage der Zeilen 11—12 setzt *gemina* zu *nocte* und macht dadurch die Nacht mehr, steigert ihre Intensität, zeigt die völlig Blindheit Catulls.

Nach der Erarbeitung der Strophen 1—3 muß man sich zunächst Sapphos Gedicht zuwenden. Es muß von einer Einleitung zu Sapphos Zeit und Leben, zum Verständnis griechischer und römischer Dichtung begleitet und wohl in einer textnahen deutschen Übersetzung gelesen werden. In der ersten Strophe ist die Glücklichpreisung durch die Wiederholung von *ille* und durch den Zusatz *si fas est, superare divos* um einiges gesteigert; auch fehlt Sapphos Kennzeichnung ὤνηρ (Mann), der *ille* ist bei Catull ganz durch seine Fähigkeit, Lesbias Anblick auszuhalten, geschildert und nicht als menschliches Wesen; ‚gleich den Göttern‘ heißt es bei Sappho, ‚gleich einem Gott‘ bei Catull, der so die formelhafte Glücklichpreisung individualisiert; der Zusatz *identidem* betont die Fähigkeit zum dauernden Genuß; der Zusatz *spectat* erweitert von vornherein die Skala der angesprochenen Sinne, verdeutlicht oder vergrößert die Fähigkeit des *ille* und läßt später den Gegensatz Catulls zu ihm in *omnis sensus* und *lingua* und *aures* stärker hervortreten.

In der zweiten Strophe Catulls steht *dulce ridentem*, wo Sappho ‚süß sprechen‘ (Z. 3) und ‚sehnsuchtsweckend lachen‘ hat (Z. 5); Catull hat sich hier auf den tatsächlich göttlichen Aspekt beschränkt, auf das Lächeln der Göttin und auf die damit verbundene Weckung von Sehnsucht, gegen die man sich nicht wehren kann; diesen Aspekt drückt *dulce* aus, das dem griechischen ἰμέροεν entspricht (dem ἆδυ entspräche *suaviter*). Schließlich ist Catulls Pause nach der zweiten — verkürzten — Strophe besonders wirkungsvoll.

In der dritten Strophe geht bei Catull das Feuer insofern tiefer und ist in seiner Wirkung drastischer gezeigt, als er statt ‚Haut‘ *tenuis artus* hat; ebenso wird die Wirkung Lesbias durch den Zusatz *sonitu suopte* und durch *gemina nocte* stark herausgehoben und anschaulicher gemacht.

Von der vierten Strophe Sapphos ist nur der Anfang überliefert — man kann hier erwähnen, daß Sapphos Gedicht als Beispiel für ‚hohen Stil‘ von Pseudo-Longinos in seinem Traktat ‚Über das Erhabene‘ (περὶ ὕψους, wohl aus dem 2. Jahrhundert n. Chr.) zitiert wird. Aber man kann noch den Unterschied zu Catulls vierter Strophe feststellen. Sappho fuhr mit der Aufforderung fort, alles zu ertragen. Sie wird damit gemeint haben, daß sie es hinnehmen muß, wenn statt ihrer ein Mann das geliebte und angebetete Mädchen aus der Nähe sehen und hören und ihren Liebreiz auf sich wirken lassen darf, während sie davon ausgeschlossen ist und verzichten muß. Für Catull ergibt sich aus der Fixierung auf Lesbia und aus ihrer Wirkung auf ihn zunächst einmal die Unfähigkeit, an anderes zu denken und anderes zu tun, er ist für jede Tätigkeit blockiert; diesen Zustand bezeichnet er ganz römisch mit *otium*, dessen Gegensatz *negotium* ist. Über diesen Zustand des *otium* macht Catull sodann einander scheinbar widersprechende Aussagen: es ist für ihn eine Last (*molestum* v. 13); es ist für ihn Anlaß übermäßiger Gefühlsäußerungen, Anlaß zur Exaltiertheit (v. 14); und es ist Ursache des Untergangs von Königen und gesegneten Städten gewesen. Wie diese Aussagen zu den ersten drei Strophen passen sollen, wird immer wieder diskutiert und ist nicht befriedigend beantwortet. In diesem Rahmen ist auch der folgende Erklärungsversuch zu sehen. *Otium* ist, wie gezeigt, zunächst einmal Catulls Unfähigkeit, sich von seiner Erstarrung gegenüber der Göttin Lesbia zu lösen, die all seine Kräfte in Beschlag nimmt. *Otium* ist aber auch überhaupt Catulls Beschäftigung mit Dichtung und hier insbesondere seine Version des Sapphogedichts; er hat eine

Übertragung vorgenommen, die möglicherweise unerlaubt und unzutreffend ist: Lesbia ist mit Sapphos Mädchen oder gar einer Göttin realiter gar nicht vergleichbar, sie erscheint nur Catull so, der daher sein Gefühl mit einer Situation Sapphos vergleicht. Daß er total von Lesbias Wirkung beherrscht wird, hat daher zwei Aspekte, die beide als *otium* bezeichnet werden können: er ist total von ihr absorbiert, kommt nicht von ihr los, wird nicht frei für andere Seiten des Lebens; insofern ist das *otium* für ihn eine hemmende Last; und er konzentriert seine Dichtung auf Lesbia, lebt und erlebt in dieser Dichtung etwas, was in der Realität so gar nicht vorhanden ist oder nicht in allen Aspekten vorhanden ist; insofern ist sein *otium* übertriebenes Ausleben. (Bei Thornton Wilder (vgl. Kommentar 1 B 1) sind diese beiden Aspekte in der Deutung Catulls berücksichtigt.) Catull mag sehen, daß dieses ausschließliche und einseitige *otium* einer Zerstörung seiner individuellen Person Vorschub leisten kann und sieht diese Zerstörungskraft als Teil eines universellen zerstörerischen *otium* an.

Aus dem Vergleich mit Sapphos Gedicht fr. 2 D ergibt sich:
(1) Catull hat die Strophen 1—3 konsequenter auf die Aspekte der Sinnesberaubung und der Göttlichkeit der Geliebten ausgerichtet. — (2) Er hat eine Reihe anschaulicherer Formulierungen. — (3) Er sieht in Sapphos Gedicht, genauer in dessen ersten drei Strophen, die Urform eines eigenen Erlebens. — (4) Er deutet das Vorbild autobiographisch um; er ist in Sapphos Situation, Lesbia ist in der des von Sappho angesprochenen Mädchens. — (5) Er macht als Dichter die Eigenart seiner Situation noch deutlicher. — (6) Während Sappho nur in der dargestellten persönlichen Situation resigniert und sie hinnehmen will, schildert Catull seine Unfähigkeit, sich aus der Situation zu lösen, sieht darin eine Gefahr auch für seine Person als Dichter und stellt diesen zerstörerischen Aspekt in einen größeren Zusammenhang.

Mit der hier angedeuteten Wertschätzung von Catulls Sprachkunst befindet sich der Verfasser in bester Gesellschaft. Ezra Pound schreibt in seinem ‚ABC des Lesens‘, Zürich 1957 und Frankfurt am Main 1962 (Bibliothek Suhrkamp Band 40, amerikanische Originalausgabe ‚ABC of Reading‘, New York 1934), S. 62: ‚Ich setzte mein Dasein als Kritiker aufs Spiel, als ich vor einigen Jahren andeutete, Catull sei in mancher Hinsicht ein besserer Dichter gewesen als Sappho, nicht wegen seiner Melopoeia, sondern wegen seines haushälterischen Umgangs mit Worten.‘ Er schränkt dies jetzt auf das Urteil ein: ‚Ich bezweifle, daß Catull hinter Sappho zurücksteht.‘ (Zum Begriff Melopoeia (vgl. S. 47): ‚Dennoch lädt man die Worte immer noch durch dreierlei Verfahren mit Sinn auf: sie heißen Phanopoeia, Melopoeia, Logopoeia. Man benutzt ein Wort, um Bilder auf die visuelle Vorstellung des Lesers zu projizieren; man lädt es durch den Klang auf oder benutzt eine Folge von Worten dazu.‘)

Die vierte Strophe bereitet nicht nur der Erklärung Schwierigkeiten, sondern auch deren Vermittlung an die Schüler. Wenn schon unter den Fachwissenschaftlern nicht einmal ein minimaler Konsens über den Zusammenhang der *otium*-Strophe mit den drei vorangehenden besteht, sollte er auch nicht von Schülern erwartet werden; ebensowenig sollten ihnen die bestehenden Schwierigkeiten verschwiegen werden. Im Gegenteil können sie hier eine Art von Dichtung kennenlernen, die die aktive Mitwirkung des Lesers verlangt, damit ein Sinnzusammenhang hergestellt wird. Daß diese Ausfüllung und Ausgestaltung des Sinnzusammenhangs dann von vielen subjektiven Gegebenheiten abhängt, ist auch für Schüler einsichtig und macht daher das Gedicht 51 zu einem wegen der Sinnlücke besonders deutlichen Lehrstück über die subjektiven Komponenten der Interpretation. Als Konsequenz für die Unterrichtsarbeit ergibt sich folgende Arbeitsform: Der Text der *otium*-Strophe wird mit den Schülern erschlossen, die Semantik der Vokabeln *otium, molestum, exsultare, gestire* und *beatus* wird ausführlich besprochen, die Besprechung eventuell mit entsprechenden gedruckten Unterlagen abgesichert (es genügen die Kommentarangaben) und abgekürzt — bei *otium* kann man in manchen Fällen auf frühere Unterrichtseinheiten zurückgreifen; schließlich kann als Hausaufgabe eine Ausarbeitung über die Frage gegeben werden: ‚In welchem Zusammenhang steht die *otium*-Strophe mit den Strophen 1—3 des Gedichtes?' Einige zufällig ausgewählte Ausarbeitungen können in der folgenden Stunde verlesen und durch weitere Gesichtspunkte — aus nicht verlesenen Arbeiten — ergänzt werden. Günstiger ist es noch, wenn ein Redaktionsteam aus drei bis vier Schülern die Ausarbeitungen sichtet, nach leitenden Gesichtspunkten ordnet und durch seinen Sprecher eine Zusammenfassung verfasst und verlesen läßt; eventuell kann das Team noch zwei bis drei für bestimmte Aspekte charakteristische Ausarbeitungen zum Vortrag auswählen.

Literatur:

Alfonsi, L.: Lesbia: AJPh 71, 1950, 59—66.

Amundsen, L.: Catulliana I: Symbolae Osloenses 12, 1933, 70—74.

Barigazzi, A.: L'ode di Saffo φαίνεταί μοι κῆνος e l'adattamento di Catullo: Rendiconti dell' Istituto Lombardo 75, 1941/42, 401—430.

Bickel, E.: Catulls Werbegedicht an Clodia und Sapphos Phaonklage im Hochzeitslied an Agallis: RhM 89, 1940, 194—215.

Bongi, V.: Ancora su Catullo e su Saffo: Aegyptus 26, 1946, 96—110.

Borszak, I.: Otium Catullianum: Acta Antiqua Acad, Scient. Hungar. 4, 1956, 211—219. = Eisenhut, W. (Hrsg.): Antike Lyrik, Darmstadt 1970 (Ars Interpretandi Bd. 2), 97—108.

Costanza, S.: Risonanze dell'ode di Saffo φαίνεταί μοι κῆνος da Pindaro a Catullo e Orazio, Messina 1950.

Elder, J. P.: The ‚Figur of Grammar' in Catullus 51, in: Wallach, L. (Hrsg.): The Classical Tradition, Ithaca/NY 1966, 202—209.

Ferrari, W.: Il c. 51 di Catullo: Annali della Scuola Normale Superiore di Pisa, Cl. di Lettere e Filosofia 7, 1938, 59—72.

Fraenkel, E.: Horaz, Darmstadt 1963, 250—253.

Frank, R. I.: Catullus 51: Otium versus virtus: TAPhA 99, 1968, 233—239.

Fredericksmeyer, E. A.: On the Unity of Catullus 51: TAPhA 96, 1965, 153—163.

Greig, C. (Hg.): Experiments. Nine Essays on Catullus for Teachers, Cambridge 1970, 42—48.

Hürfeld, H.: Catull c. 51 — Sappho fr. 2 D. Stundenbild einer vergleichenden Interpretation: Anregung 9, 1963, 385—388.

Immisch, O.: Catulls Sappho: SB Heidelberg Ak. Wiss. 1933/34, 2.

Jachmann, G.: Sappho und Catull: RhM N. F. 107, 1964, 1—25.

Jensen, R. C.: Otium, Catulle, tibi molestum est: CJ 62, 1966—67, 363—365.

Khan, H. A.: Color Romanus in Catullus 51: Latomus 25, 1966, 448—460.

Kidd, D. A.: The Unity of Catullus 51: Journal of the Australasian Universities Language and Literature Association 20, 1963, 298—308.

Kranz, W.: Catulls Sappho-Übertragung: Hermes 65, 1930, 236—237.

Kroymann, J.: Zu Catull c. 51, in: Festschrift F. Sommer, Berlin 1956, 20—21.

Lattimore, R.: Sappho 2 and Catullus 51: CPh 39, 1944, 184—187.
Lejnieks, V.: Otium Catullianum reconsidered: CJ 63, 1968, 262—264.
Mariotti, S.: Nota a Catullo c. 51: Paideia 2, 1947, 303.
Pavese, C.: Due noterelle greco-latine: SIFC 35, 1963, 117—119.
Richmond, J. A.: Horace's ‚Mottoes‘ and Catullus 51: RhM N. F. 113, 1970, 197—204.
Schadewaldt, W.: Sappho, Potsdam 1950, 109—112.
Snell, B.: Sappho c. 2: Hermes 66, 1931, 71.
Tietze, F.: Catulls 51. Gedicht: RhM 88, 1939, 346—367.
Thomson, D. F. S.: Catullus and Cicero, Poetry and the Criticism of Poetry: CW 60, 1967, 225—230.
Woodman, A. J.: Some Implications of otium in Catullus 51, 13—16: Latomus 25, 1966, 217—226.
Wormell, D. E. W.: Catullus as Translator, in: Wallach, L. (Hrsg.): The Classical Tradition, Stud. in Hon. of H. Caplan, Ithaca/NY 1966, 187—201.

c. 52

Dieses kurze Gedicht überrascht nur durch die Zusammenstellung des Inhalts und den Aufbau. Catull fragt sich, warum er nicht sterbe, und stellt diese Frage an den Anfang und an den Schluß. Nach dem Anfang fragt man sich nach dem Grund für Catulls mangelnden Lebenswillen. Catull zeigt, daß er nicht in Liebesschmerz, sondern in den politischen Verhältnissen liegt, die Verbrecher zu Staatsämtern gelangen lassen. Also wiederholt er nachdrücklich die Eingangsfrage.

In Catulls Kreis mag dies eine gewisse Wirkung gehabt haben. Aber leicht ist zu erkennen, daß das Gedicht keinerlei politische Antwort auf die festgestellten Zustände ist und daß ein solch leserbriefartiger Vierzeiler, ohne Analyse und ganz auf die eigene Person bezogen, keine große politische Wirkung gehabt haben kann. Das Urteil, daß Catull im Grunde ein unpolitischer Mensch ist, trifft zu (vgl. Thornton Wilders Brief Nr. XIV A in seinen ‚Iden des März‘, im Arbeitskommentar 29 B 2).

Literatur:

Taylor, L. R.: Magistrates of 55 B. C. in Cicero's Pro Plancio and Cat. 52: Athenaeum 42, 1964, 12—28.

c. 54

Gliederung:

1—3:	Verschiedene Männer in Caesars Gefolge haben physische Schönheitsfehler.
4—5:	Catull möchte physisch mit diesen nicht in Konkurrenz treten, könnte physisch Caesar gefallen.
6—7:	Aber er ärgert Caesar mit seinen geistigen Produkten — obwohl diese untadelig sind.

Interpretation:

Dieses Gedicht hat keine Lücken und es ist auch keine Entschuldigung, es bricht nicht ab, um Caesars Zorn zu vermeiden (so Krolls an Fehlurteilen reiche Darstellung), nein, dieses Gedicht ist eine besonders raffinierte Verhöhnung Caesars oder wer sonst mit der Umschreibung ‚einzigartiger Feldherr‘ gemeint sein mag. Da werden erst drei Begleiter des Feldherrn geschildert: erotische Nullen für den, wie es Catull hier darstellt, homosexuellen Caesar, alle drei geeignet, durch ihre Eigenheiten Caesar den Geschmack und den Genuß gründlich zu verderben und ihn zu verärgern. Da — so sagt Catull scheinheilig — will er es sich nicht mit Caesar verderben: er ist attraktiv und könnte da makellos dem Feldherrn wie einem alten aufgetakelten Mann namens Sufficius gegenübertreten und ihr höchstes Wohlgefallen erregen; nur, leider, werde bei ihm etwas anderes den Genuß verderben: die Geistesprodukte Catulls, seine Spottgedichte — kaum verständlich, meint Catull, denn auch die haben nichts verbrochen und sind makellos. Es liegt also an Caesars Einstellung und Geschmack, wenn er sich ärgert oder ärgern muß. Sollte er wie bei den Männern so auch bei der Poesie mangelnden Geschmack und mangelhafte Urteilskraft haben?

Mit raffinierter Wortstellung und Wortwahl macht Catull das Gedicht zu einem ästhetischen Genuß: *caput oppidost*: ein sexuelles Monstrum scheint angekündigt zu werden; *pusillum*: die Enttäuschung kommt sofort; *subtile et leve*: jetzt scheint Catull Reizvolles darstellen zu wollen: *peditum* nimmt auch diese Erwartung abrupt; das Enjambement *iambis immerentibus* zeigt, was Catull von seinen Versen hält, und hebt dieses Urteil provokativ hervor; niemand nimmt dann noch die Anrede *unice imperator* ernst.

Literatur:

Bickel, E.: Catulli in Caesarem carmina: RhM 93, 1949, 13—20.
Deroux, C.: Catulle 54,2: Latomus 28, 1969, 645—648.
Mazzoni, G.: At non effugies meos iambos: A & R, N. S. 18, 1938, 207—213.
Pierrugues, P.: Glossarium Eroticum Linguae Latinae ..., Berlin [2]1908, S. 110—111 (zu *caput*).
Schmidt, E. A.: Catull, Heidelberg 1985, 62—70.

---

c. 57

Gliederung:

Interpretation:

Caesar und Mamurra werden in gekonnten Versen lächerlich gemacht. Die Verleumdungen sind vorwiegend sexueller Art, daneben werden die Schulden oder der Bankrott als Vorwurf herangezogen (vgl. zu c. 29). Der Aufbau ist der einer strengen Beweisführung (siehe die Gliederung). Besonders raffiniert erscheinen die Verleumdungen der Verse 7—9. Caesar und Mamurra sind durch den Umgang miteinander perfekte Könner auf sexuellem Gebiet (die Verkleinerungsformen v. 7 unterstreichen den lasziven Charakter) und so zu unersättlichen, dem Sex ausgelieferten Ehebrechern geworden (8), sie brechen aber die Ehe eher als Rivalen der Ehefrau als des Ehemanns (9). (Man kann sich aber, geleitet von Sueton, Div. Iul. 52 (der ältere Curio habe Caesar ,aller Frauen Mann und aller Männer Frau' genannt, *omnium mulierum virum et omnium virorum mulierem*), dafür entscheiden, auch hier in Vers 9 Caesar und Mamurra sowohl als Rivalen als auch als Partner der Mädchen zu sehen und *et* als eigentlich zwischen *rivales* und *socii* gehörig ansehen: *rivales — socii-et(iam) — puellularum.*)

Literatur:

Bickel, E.: Catulli in Caesarem carmina: RhM 93, 1949, 1—23.

---

c. 58

Gliederung:

1—3: Catulls früheres einzigartiges Verhältnis zu Lesbia.
4—6: Lesbia steht jetzt allen Römern zur Verfügung.

Interpretation:

Auch c. 58 ist ein schwer deutbares Gedicht. Wer ist Caelius? Ist es Caelius Rufus, der wie Catull in Clodia verliebt war — wenn man für Catull den antiken biographischen Angaben Glauben schenkt? Welchen Grund hätte er dann, gerade diesen Nebenbuhler, den er sonst verspottet (vgl. c. 69) oder anklagt (vgl. c. 77), so anzurufen und ins Vertrauen zu ziehen? Ist es die Gemeinsamkeit des Leides? Oder ist es ein anderer Caelius, z. B. der in c. 100 genannte Veronenser? Warum richtet dann aber Catull seine klagenden Worte gerade an ihn?

Wie kann Catull davon sprechen, daß Lesbia *in quadriviis et angiportis* die Römer sexuell errege? ,In den Sackgassen blühte das Laster', schreibt U. E. Paoli (Das Leben im alten Rom, Bern 1948, S. 73) und stützt sich auf diese Catullstelle. Daß dort auch von Straßenkreuzungen, also belebten Plätzen, die Rede ist, übergeht er. Die Kommentare bringen Belege, in denen von Liebe auf offener Straße die Rede ist: aber das geschieht bei Nacht und deswegen, weil es im Hause nicht möglich ist, z. B. in Cynthias Schilderung bei Properz IV 7, 15—19: *Iamne tibi exciderant vigilacis furta Suburae/et mea nocturnis trita fenestra dolis,/per quam demisso quotiens tibi fune pependi/ alterna veniens in tua colla manu!/Saepe Venus trivio commissa est ...* ,Sind dir schon die Schliche der wachsamen Subura entfallen und mein Fenster, das von nächtlichen Listen abgenutzt ist? Wie oft war aus ihm ein Seil herabgelassen, und ich habe daran gehangen und kam, links und rechts ans Seil greifend, schließlich an deinen Hals. Oft haben wir Liebe auf der Straße gehabt ...' Das ist ein Traum des Properz, dem eine ganz hingebungsvolle Cynthia nach ihrem Tod erscheint. Soll man *dies* bei Catull wörtlich nehmen, mit Quinn (Kommentar, S. 259) sogar als 'in broad daylight' deuten?

62

Man muß dann Catulls Schilderung der Gegenwart als Übertreibung ansehen, die über die Schilderung des Gedichtes 37 hinausgeht. Er spricht seinen Veronenser Freund Caelius an, von dem es c. 100, 5—7 heißt: *tua nobis/per facta exhibita est unica amicitia,/cum vesana meas torreret flamma medullas*, ‚durch deine Taten ist uns einzigartige Freundschaft erwiesen worden, als wahnsinniges Feuer mein Innerstes verbrannte‘. Die Übertreibungen wären dann so zu sehen, wie sie c. 42 an einem anderen Beispiel zeigt: die Dichtung kann durch Loben und durch Tadeln in guten oder schlechten Ruf bringen. Ähnliches zeigte schon c. 6. Aber es ist darüber hinaus möglich, Lesbia hier nicht als Person, sondern als Werk, nämlich als Catulls Gedichte auf Lesbia, aufzufassen. Dann gewinnen alle Ausdrücke ganz konkrete Bedeutung: Die Gedichte werden verkauft und gelesen und sie regen an, wie es in diesem Gedicht einigermaßen grob, in c. 16, 9 als erklärtes Ziel mancher Dichtungen bezeichnet wird. Catull würde dann hier über das Schicksal poetischer Werke, insbesondere der Liebesdichtung, nachdenken und einen Rezeptionsaspekt zeigen: was Ausdruck tiefsten Erlebens ist, wird als Anregung benutzt. Das Schicksal ihres Werks ist auch Gegenstand der Reflexion bei anderen Dichtern, so ähnlich bei Ovid, der *amores* 3, 12, 5—10 klagt:

> *Quae modo dicta mea est, quam coepi solus amare,*
>   *cum multis vereor ne sit habenda mihi.*
> *Fallimus an nostris innotuit illa libellis?*
>   *Sic erit: ingenio prostitit illa meo.*
> *Et merito: quid enim formae praeconia feci?*
>   *Vendibilis culpa facta puella mea est.*

Das Gedicht 58 kann also auf einen wichtigen Rezeptionsaspekt und ebenso darauf aufmerksam machen, daß Catulls Gedichte selbstverständlich auch schon vor ihrer Zusammenfassung in der uns vorliegenden Sammlung einzeln oder in kleineren Sammlungen kursierten. Das Gedicht macht dann den schmerzlichen Lösungsprozeß deutlich: *Lesbia nostra — Lesbia illa — illa Lesbia*: aus der Intimität privaten Erlebens in die totale Öffentlichkeit, allen Römern verfügbar.

Literatur:

Austin, R. G.: Cicero, pro Caelio, Commentary, Oxford [3]1960, Appendix III ‚Caelius and Catullus‘.
Lenz, F. W.: Catulliana, RCCM 5, 1963, 62—67.
Luck, G.: Die römische Liebeselegie, Heidelberg 1961, 173—184 (zu Ovid, am. 3, 12 und anderen ähnlich deutbaren Gedichten wie Horaz Epist. 1,20).

---

c. 60

Interpretation:

Wer der Adressat des 60. Gedichts Catulls sei, ist seit dem Bekenntnis des Muretus (Kommentar seiner Catullausgabe, Venedig 1558) „*ad quem scribatur hoc carmen, sciri non potest*" immer wieder zu lösen versucht worden. Das Problem — wenn es eines ist — spitzte sich auf die Frage zu, ob ein

Freund (Gellius, Alfenus, Cornificius) oder Lesbia angesprochen sei. Weinreich glaubte, die Frage für Lesbia entscheiden zu können. Lieberg zog daraus weitgehende Schlüsse. Klingner hatte sich hingegen jeder Bemerkung zum Adressaten enthalten und c. 60 als Gelegenheitsgedicht bezeichnet. Quinn stellt Weinreichs Deutung wieder vorsichtig in Frage. Die Lösung kann ein Vergleich mit Theokrit, Id. III 15—17 bringen. Der von Amaryllis verschmähte Hirt klagt da:

Νῦν ἔγνων τὸν Ἔρωτα· βαρὺς θεός· ἦ ῥα λεαίνας
μαζὸν ἐθήλαζεν, δρυμῷ τέ νιν ἔτραφε μάτηρ,
ὅς με κατασμύχων καὶ ἐς ὀστέον ἄχρις ἰάπτει.

Jetzt hab' ich Eros erkannt: ein schwerer Gott; wahrlich einer Löwin
Brust hat er gesaugt und im Wald hat ihn genährt die Mutter,
ihn, der mich verbrennt und bis ins Mark ganz und gar zerstört.

Den Anfang dieser Verse hat Vergils Damon (Ekloge VIII 43) übernommen, als er die bis zur Anstiftung zum Mord reichende Grausamkeit Amors darstellt und so anfängt: *Nunc scio, quid sit Amor.* Dann spricht Vergil nicht davon, daß ihn eine Löwin gesäugt und die Mutter im Walde großgezogen habe, sondern läßt ihn in fernen barbarischen Ländern *duris in cotibus* geboren sein. Eros ist Feind der *humanitas.* Catull unterdrückt den Ausdruck des Erkennens von Amors Charakter, den Vergil von Theokrit übernahm. Er setzt gleich mit der folgernden Frage ein. Er versetzt die Löwin durchaus zutreffend nach Libyen. Als Alternative zur Geburt aus der Löwin stellt er die aus Skylla hin, womit er Theokrits einfache Steigerung „und im Wald hat ihn die Mutter genährt" ersetzt und verstärkt. Daß Skylla, die ja ihre unmenschliche Gestalt selbst dem Leiden und Zerbrechen am Eros zu verdanken hat, hier nun als eine mögliche Mutter des Eros erscheint, braucht nicht zu verwundern. Es handelt sich um eine sogenannte Pathosformel, und es bestand eine große Freiheit darin, Eros-Amor dem Zweck der jeweiligen Darstellung entsprechend stets neue Eltern zuzuschreiben. Eros ist in mythologisierender Dichtung ein recht elternloses Wesen, dem mannigfache Abstammung nachgesagt werden kann.
Sieht man die Verbindung zwischen Catulls 60. Gedicht und den Versen aus dem Komos Theokrits, so passen alle Aussagen, die in den Zeilen 3—5 des 60. Gedichts über den Sprecher (*supplex, in novissimo casu*) und den Adressaten (*mente dura ... ac taetra, contemptam haberes, nimis fero corde*) gemacht werden. Es ist die Vorstellung vom grausamen, unerbittlichen Amor und vom leidenden, bis zum Tode gequälten Liebhaber, der Amor vergeblich darum bittet, ihn nicht mehr zu quälen, d. h. ihn von seiner Liebe zu befreien. Wir kennen diese Vorstellung außer aus anderen Catullgedichten von der Elegie I 1 des Properz und der 10. Ekloge Vergils her, die beide mit der Dichtung des Gallus in einem vielfältigen Zusammenhang stehen. Catull folgt hier gerade nicht einem sonst von ihm gern angewendeten Verfahren. Er setzt nicht Namen oder seine eigene Person in ein Stück veränderter Überlieferung ein, sondern spricht zwar einen Adressaten an, nennt ihn aber nicht beim Namen und spricht auch nicht von sich selbst als dem Betroffenen, sondern spricht über den Betroffenen (*supplicis*), stellt für ihn seine herausfordernde Frage. Er verallgemeinert hier wohl den Fall des unter der Liebe Leidenden

und dabei an ein auswegloses Ende Gelangten (*in novissimo casu*). Erhebt er aber die Lage des Bittenden, Erlösung Suchenden zu allgemeiner Bedeutung, dann kann der nicht genannte Adressat nur ebenso allgemein sein, d. h. entweder Amor, unter dessen Herrschaft alle Liebenden stehen, oder grundsätzlich jede geliebte Person, die oder der Geliebte schlechthin. Dieser Unterschied ist aber nicht mehr groß. Unter Amor leiden heißt ja unter der mangelnden Erwiderung einer Liebe, unter dem abweisenden Verhalten der Geliebten leiden. Catull hat also Namen unterdrückt, die Aussage verallgemeinert. Es ist daher zunächst einmal unangebracht, das 60. Gedicht auf eine bestimmte Person auslegen und beschränken zu wollen. Daß es dennoch auf vielerlei Personen ausgelegt wird, ist gerade wegen der Verallgemeinerung möglich.

Literatur:

Glücklich, H.-J.: Catulls 60. Gedicht und die Gefahren biographischer Interpretation: Anregung 20, 1974, 378–381.
Klingner, F.: Catulls Peleus-Epos, SB Bayer. Ak. Wiss., Phil.-hist. Kl., 1956, 6, München 1956, 85.
Lieberg, G.: Puella divina, Amsterdam 1962, 275–283.
Lieberg, G.: Catull 60 und Ps. Theokrit 93: Hermes 94, 1966, 115–119.
Schäfer, E.: Das Verhältnis von Erlebnis und Kunstgestalt bei Catull: Hermes Einzelschriften 18, Wiesbaden 1966.
Weinreich, O.: Catull c. 60: Hermes 87, 1959, 75–90.

c. 61

Das Gedicht 61 ist mit Übersetzung in die Textausgabe aufgenommen. Es soll der Information über römische Hochzeitsbräuche und Ehevorstellungen dienen. Dazu finden sich Ausführungen in der Einleitung zu den Phasen 1–6 (oben S. 12). Für eine weitergehende Interpretation finden sich reiche Anregungen in Fedelis Kommentar.

Literatur

Fedeli, P.: Catullus' Carmen 61, Amsterdam 1983 (180 S.).

c. 64

C. 64 kann hier nicht interpretiert werden. Die Literatur ist angeführt. Ein Teil ist in die Auswahl aufgenommen, weil er eine eindrucksvolle episch-dramatische Darstellung von Liebe und Liebesleid enthält und so in Oberstufenkursen den Schülern Stilelemente des Epos oder des Epyllions vorführen, sie vor allem so deutlich darauf aufmerksam machen kann, daß Catulls Gedichte nicht nur unter dem Aspekt des Erlebens, sondern ebenso oder mehr unter dem der bewußten Planung und langwierigen Arbeit betrachtet werden können, ja müssen. Gesichtspunkte für die Herausarbeitung episch-dramatischer Stilelemente und für den Vergleich mit anderen Gedichten werden im folgenden stichwortartig aufgeführt:

Grundsätzlich: verschiedene Erzählstränge (vgl. auch die Gliederung des gesamten Gedichtes etwa bei Quinn, Kommentar S. 298 f.); der Wechsel von Bericht, Rede und eigenen Reflexionen des Autors; die zeitlichen Rückgriffe des Autors (z. B. 212—237); die Beteiligung der Götter; die poetische Wortwahl.

Im Einzelnen:

   86— 93: lange Periode mit Vergleich.

   94—102: Apostrophe an Amor und Venus; der Dichter schildert Ariadnes Zustand nicht objektiv, sondern beteiligt und mit vorwurfsvoller Haltung gegenüber den Göttern.

(103:   dramatische Gestaltung durch Spannungserregung durch die vorher geschilderte Apostrophe und durch Beunruhigung des Lesers, sodann durch Beruhigung in *non ingrata tamen* ...)

(105—111: epischer Vergleich.)

112—123: Praeteritio.

124—129: ausführliche Schilderung, wie Ariadne überall sucht, bildhaft.

132—201: die pathetische Ariadneklage. Mögliche Gliederung:

          132—142: Anklage gegen Theseus wegen seines Verrats und seiner Grausamkeit.

          143—148: Verallgemeinerung: alle Männer sind untreu, alle Frauen mögen als Konsequenz mißtrauisch sein.

          149—170: Die Undankbarkeit des Theseus.

          171—187: Klage über die hoffnungslose Lage.

          188—201: Verfluchung des Theseus.

132—135: Anapher *sicine*, Sperrungen, Verteilung der Anreden an Theseus über die Verse, Interjektion *a*, Frageform.

136—138: Anapher *nulla*, Frageform, Sperrungen.

139—142: Anapher *non, sed*, Sperrungen; Vergleich v. 142 mit 30,10 und 70,4.

143—148: Vergleich mit 30,11; die Ernüchterung nach Erkennen der Untreue: der Geliebte wird mit anderen Augen gesehen. Kontrastierung zu vv. 94—102.

149—153: Kontrastierung der Verdienste *certe — ego te;* Sperrungen.

154—157: Metapher, vgl. c. 60.

158—163: Ihre Liebe besteht noch, sie sucht dem abwesenden Theseus Möglichkeiten zu zeigen, wie sie ihm — sogar als Sklavin — hätte dienen und er sie unbedenklich mit nach Hause hätte nehmen können; Ausmalung dieser Situation.

164—166: Fragen an sich selbst.

166—170: Klage über Einsamkeit, pathetische Elemente.

171—176: Wunsch, alles wäre nicht geschehen; Vergleich mit dem Eingangsmonolog der Amme in der ‚Medea' des Euripides.

177—187: Darlegung der Ausweglosigkeit in Fragen und Antworten als innerer Dialog; Sperrungen, Alliterationen, Anaphern.

188—201: Verfluchung in Gebetsform, Kontrastierung zu 94—102.

202—206: lange Periode, ein Gott als handelnde Person, Alliterationen, Umschreibungen Jupiters.

Literaturauswahl:

Bramble, J. C.: Structure and Ambiguity in Catullus LXIV: PCPhS 196, 1970, 22–41.

Boucher, J. P.: À propos du carmen 64 de Catulle: REL 34, 1956, 190–202.

Herrmann, L.: Le poème LXIV de Catulle et l'actualité: Latomus 26, 1967, 27–34.

Hross, H.: Die Klagen der verlassenen Heroiden in der lateinischen Dichtung, Diss. München 1958.

Kilroy, G.: The Dido Episode and the Sixty-fourth Poem of Catullus: Symbolae Osloenses 44, 1969, 48–60.

Kinsey, T. K.: Irony and Structure in Catullus 64: Latomus 24, 1965, 911–931.

Klingner, F.: Catulls Peleus-Epos, SB Bayer. Akad. Wiss. 1956, 6.

Patzer, H.: Zum Sprachstil des neoterischen Hexameters: MH 12, 1955, 77–95.

Pascal, C.: Il carme 64 di Catullo: SIFC 12, 1904, 219–227.

Pasquali, G.: Il carme 64 di Catullo: SIFC NS 1, 1920, 1–23.

Perrotta, G.: Il carme 64 di Catullo e i suoi pretesi originali ellenistici: Athenaeum 9, 1931, 177–222, 370–409.

Putnam, M. C. J.: The art of Catullus 64: HSPh 65, 1961, 165–205.

Rust, K.: Catull und sein 64. Gedicht, Diss. Hamburg 1949.

Thomson, D. F. S.: Aspects of Unity in Catullus 64: CJ 57, 1961, 49–57.

Waltz, R.: Caractère, sens et composition du poème LXIV de Catulle: REL 23, 1945, 92–109.

Webster, T. B. L.: The Myth of Ariadne from Homer to Catullus: G & R 13, 1966, 22–31.

von Wilamowitz-Moellendorff, U.: Hellenistische Dichtung II, Berlin 1924, 298–304.

c. 70

Interpretation:

Gedicht 70 beginnt mit dem betonten *nulli* und nennt dann das Thema: *se dicit nubere malle quam mihi. Nubere* meint wohl zunächst allgemein ‚zu Diensten sein‘, ‚sich hingeben‘ und nicht den juristischen Vorgang der Eheschließung. Die Versetzung von *quam mihi* in die zweite Zeile des Gedichts läßt es als überraschend erscheinen, daß gerade der Sprecher der Bevorzugte sein soll. Die Verneinung in *nulli* wird durch die Wiederholung *non* und den daran anschließenden Kondizionalsatz *si se Iuppiter ipse petat* verstärkt; der Kondizionalsatz nennt den größten der denkbaren Störfaktoren, die das Versprechen der *mulier* zunichte machen könnten, und hebt den potentiellen Konkurrenten des in *mea* und *mihi* genannten Sprechers durch *ipse* hervor. Der Verfasser gestaltet das Gedicht so, daß ein Sprecher seine Beteiligung am dargestellten Sachverhalt einbringt: *mea, mihi.* Andererseits ist der Sprecher nicht mit Namen genannt — es stehen nur Proformen — und tritt im zweiten Distichon ganz zurück. So, wie die Frau nicht beim Namen genannt, sondern mit der Bezeichnung ihrer Geschlechtlichkeit als *mulier* beschrieben ist — *mulier* und *mas* heben den Unterschied des Sexus hervor im Gegensatz zu anderen Bezeichnungen wie *femina — vir, domina — dominus, uxor — maritus —*, so wird die sprechende Person im zweiten Distichon selbst zum Typus des *cupidus amans.*

Die konkrete Redesituation des ersten Distichons erscheint im zweiten zunächst verkürzt als *dicit*, dann verallgemeinert im *quod*-Satz. Nach der Schilderung einer möglicherweise glückverheißenden Ausgangssituation verallgemeinert somit das zweite Distichon diese Situation und gibt ihr eine überraschend negative Kommentierung. Die Verse 1—2 könnten aus der Sicht des schwärmerischen Liebhabers gesprochen sein, die Verse 3—4 sind das Urteil eines erfahrenen, dem Sturm und Drang entronnenen Kritikers. Der Sinn des Urteils in v. 3—4 ist wohl: auf Beteuerungen einer Frau gegenüber einem begehrlichen Liebhaber soll man nicht hören und nicht bauen; man soll sie sofort vergessen. Dies zeigen die Bilder vom Wind (der die Worte auf ewig davonträgt) und vom reißenden Wasser (das die Worte schnell und weit und ebenso unwiederbringlich entfernt). Das Urteil meint weniger, daß die Worte von vornherein nicht ernst gemeint sind, sondern nur, daß man objektiv nicht auf sie bauen kann und sollte: La donna è mobile.

Das Gedicht zeigt somit typische Elemente des Epigramms: Konzentration des verwendeten sprachlichen Materials; formale Kürze; antithetischer Bau mit ‚Erwartung und Aufschluß, Spannung und Lösung‘; überraschende Schlußwendung (*fulmen in clausula*), die hier allerdings nicht übermäßig effektvoll ist. (Vgl. I. Braak, Poetik in Stichworten, Kiel [4]1972, 153; O. Weinreich, Catulls elegisches Distichon 1—7.)

Die Kennzeichen sind erst im Verlauf der Entwicklung dieser Form mit ihr verbunden und an ihr analysiert worden, treffen aber auf c. 70 alle zu. Die Eigenheiten des Catullischen Gedichts und die Charakteristika des Epigramms lassen sich herausarbeiten, ohne daß ein Epigramm des Kallimachos (Anthologia Palatina V 6) verglichen wird, das ein ähnliches Motiv hat. Auf den Vergleich wird bewußt verzichtet; er ist durchgeführt bei Williams, Tradition and Originality in Roman Poetry, S. 404.

Literatur:

Bongi, V.: Spunti callimachei e allessandrini in due carmi di Catullo (70 e 7): A & R 1942, 173—182.

Greig, C. (Hg.): Experiments: Nine Essays on Catullus for Teachers, Cambridge, 1970, 49—53.

Laurens, P: A propos d'une image catullienne (c. 70,4): Latomus 24, 1965, 545—550.

Lieberg, G.: Puella divina, Amsterdam 1962, 264—275.

Otis, B.: Virgil. A Study in Civilized Poetry, London 1963, 102—104.

De Venuto, D.: Il carme 70 di Catullo e Ant. Pal. 5,8 di Meleagro: RCCM 8, 1966, 215—219.

Williams, G.: Tradition and Originality in Roman Poetry: Oxford 1968, 404.

---

c. 72

Gliederung:

1—4: Vergangenheit: Lesbias trügerisches Treueversprechen, die Einzigartigkeit der Catullischen Liebe.

5—8: Gegenwart: Lesbia ist erkannt, Catulls beginnende Zerrissenheit.

Interpretation:

Das Gedicht 72 weist eine genaue zeitliche Gliederung auf. Diese zeigt sich in
den Temporalverbien *quondam* (1), *tum* (3) und *nunc* (5), erst recht aber in
den verwendeten Hauptsatztempora: das durative Imperfekt *dicebas* (1) bezeichnet die Dauer in der Vergangenheit, das konstative Perfekt *dilexi* (3) betrachtet die Vergangenheit zusammenfassend, das resultative Perfekt *cognovi*
(5) bezeichnet einen Prozeß, der in der Vergangenheit begonnen hat und nun
als Ergebnis in der Gegenwart vorliegt, die durativen Praesensformen *uror* (5)
und *es* (6) bezeichnen die Dauer in der Gegenwart, (das punktulle Praesens
inquis (6) bezeichnet einen aktuellen Einwurf eines Gegenübers, eventuell
Lesbias), das gnomische Praesens *cogit* (8) bezeichnet eine dauernde, allgemeingültige Erkenntnis.

Welchen Inhalt, welche Entwicklung stellt dieses Fortschreiten von der Dauer in der Vergangenheit zur Dauer in der Gegenwart dar? Darüber geben die
vielen Verben aus dem Begriffsfeld ,Liebe' Auskunft. Es sind: *nosse* (1), das
man ganz einfach als Kennen, d. h. etwa ,Augen haben für', also erotisch verstehen kann (ob man *nosse* im Sinne von יָדַע (jådă') ,erkennen', wie Genesis
19,8 und Richter 11,39, auffassen darf, bleibe dahin gestellt); *tenere* (2), das
man ebenso erotisch verstehen kann als ,im Schoß, in den Armen, auf jeden
Fall aber voller Zärtlichkeit halten'; *diligere* (3/4), das man — wie die beiden
Vergleiche vv. 3—4 zeigen — sowohl als Bezeichnung erotischer als auch rein
geistig-seelischer Liebe verstehen kann; beim zweiten Vergleich (4) macht
Catull durch den Zusatz *et generos* sogar noch ausdrücklich klar, daß keinerlei körperliche Zärtlichkeit gemeint ist; man kann an dieser Stelle Cicero,
Laelius § 27 vergleichen; *uri* (5), das sexuelles Verlangen ausdrückt; *amare*
(7), das grundsätzlich einen weiten erotischen Bereich umschreibt; *bene velle*
(8), das hier im Gegensatz zu *amare* verwendet ist und somit wieder eine
geistig-seelische, jedenfalls nicht sexuelle Haltung umschreibt.

Den Gegenstand der Entwicklung macht zudem der Personenwechsel klar:
Das Gedicht wechselt in der durch *quondam* und *tum* bestimmten Vergangenheit von der zweiten zur ersten Person, in der durch *nunc* bestimmten Gegenwart von der ersten zur zweiten; am Schluß wird es allgemein und umschreibt die sprechende Person mit *amans*, nennt die angesprochene gar nicht
mehr, umschreibt nur ihr Vergehen mit *iniuria talis*, ohne die Untreue und
Falschheit konkret genannt zu haben. Die Wiederholung des Personenwech-
sels und der Kontrast der Tempora und der Temporaladverbien zeigen die
Gegenüberstellung von Catull und Lesbia und von Vergangenheit und Gegenwart. Die verwendeten Verben aus dem Liebesbereich machen als Gegenstand des Kontrastes die unterschiedliche Entwicklung der körperlichen und
der seelischen Komponente seiner Liebe klar: durch die Verweigerung und
Untreue Lesbias wächst das sexuelle Verlangen, aber die seelische Beteiligung
schwindet. Das von Catull als Philie verstandene und erlebte Verhältnis zu
Lesbia reduziert sich auf die Stufe des Sexus.

Eine innere Zerrissenheit, eine Zerstörung der Persönlichkeit, bahnt sich an,
die Catull nicht steuern kann. Beides steht im Gegensatz zu c. 5, wo die
Liebe die Persönlichkeit ausweitete und Catull Maß und Übermaß steuerte.
Das Gedicht 72 geht also von einer ähnlichen Situation wie c. 70 aus, bleibt

aber persönlich und schildert eine Entwicklung, deren Ergebnis in der letzten Zeile allgemein kommentiert wird; c. 70 hatte hingegen die Ausgangssituation sofort kommentiert. C. 72 ist also kein Epigramm, sondern kann als kurze Elegie bezeichnet werden.

Tafelbild

Das Tafelbild kann die verschiedenen Ausdrücke aus dem Bereich der Liebe sammeln und ordnen und die Trennung in Sexus und Philie zeigen:

```
                      magis
nosse  )                ↑
tenere }   amare  —  diligere ─┼─ diligere  —  bene velle
uri    )                                ↓
                                      minus
```

Literatur:

Copley, F. O.: Emotional Conflict and its Significance in the Lesbia-Poems of Catullus: AJPh 70, 1949, 27—31.
Davies, J. T.: Poetic Counterpoint: Catullus 72: AJPh 92, 1971, 196—201.
Khan, H. A.: A Note on the Expression solum ... nosse in Catullus: CPh 62, 1967, 34—36.

---

c. 73

Gliederung:

1—2: Absage an die *pietas*.
3—4: Grundsätzliche Begründung.
5—6: Persönliches Erfahrungsbeispiel.

Interpretation:

Gedicht 73 läßt sich analog zu Motiven der Gedichte 76 und 87 interpretieren, so daß eine ausführliche Interpretation hier unterbleiben kann. Catull wendet sich an ein fiktives Gegenüber, das jedermann und damit die Allgemeinheit sein kann. Er beklagt hier anders als in c. 76 und 87 die völlige Treulosigkeit eines Freundes: *amicum* 6 ist das überraschende einzige Substantiv des Gedichts. Der untreue Freund ist mit *nemo ... quam ... qui* umschrieben und beschrieben. Die Verse 3—4 waren noch eine allgemeine Schilderung im Neutrum pluralis (*omnia ingrata*). Die Situation und die Resignation können teils mit denen in c. 30 verglichen werden, teils mit denen in c. 76.

Die Verstoßung Catulls ist mit *urgere* bezeichnet (5). Das Gedicht soll die unmittelbare Reaktion und Empfindung nach der Verstoßung und Zurückweisung darstellen (*gravius, acerbius* 5, *modo* 6). Vielleicht mögen auch die extrem vielen Synaloephen des Verses 6, die durch die sonst wenig besagende Doppelung *unum atque unicum* noch bewußt vermehrt wird, die atemlose Empörung, fast ein Schluchzen, ein Versagen distinkter Sprache vorführen.

Literatur:
Lee, M. O.: Illustrative Elisions in Catullus: TAPhA 93, 1962, 144—152.
Meusel, H.: in: Mitteilungsblatt des Deutschen Altphilologenverbandes 1, 1976, 10—12.
Postgate, P. E.: Catullus 73: PCPhS 1932, 6, 151—153.

c. 75

Interpretation:

Gedicht 75 stellt im Unterschied zu c. 72 wieder einen Zustand dar, der im zweiten Distichon in überraschender „Zuspitzung der Antithese bis zur scheinbaren Widersinnigkeit" (I. Braak: Poetik in Stichworten, Kiel ⁴1972, 153) dargestellt und in seinen Auswirkungen charakterisiert wird. Das Thema des Gedichtes 72 ist hier also epigrammatisch behandelt.

Catull bezeichnet seine Liebe als *officium*, Lesbias Verhalten als *culpa*, was der *iniuria* des Gedichtes 72 entspricht. Wie sehr Catull von der Untreue seelisch getroffen ist, zeigt die Antithese des Verses 3 (*nec bene velle queat tibi, si optuma fias*), wie wenig er im Bereich des Sexus von Lesbia loskommen kann oder wie sehr er ihr ausgeliefert ist, zeigt die Antithese des Verses 4 (*nec desistere amare, omnia si facias*). Eine solche Konsequenz der Trennung von Geistigem und Körperlichem und damit der Zerstörung der Persönlichkeit scheint nach Catull nicht nur Ergebnis fremder Schuld, sondern auch eine Möglichkeit konsequenter Liebe zu sein, wenn er sagt *mens ... se officio perdidit ipsa suo* (vv. 1—2). Die Liebe erscheint als eine *virtus sui generis*, die bei konsequenter Ausübung Gefahren in sich birgt, Gefahren ganz anderer Art, als sie in den Gedichten 5 und 7 angedeutet worden sind. Konnten dort Gefahren vom Neid der Gesellschaft oder der Götter und von der Selbstüberschätzung der Liebenden drohen, so war die Liebe selbst an sich doch ganz positiv als der Weg der Ausweitung der eigenen Persönlichkeit, der Intensivierung des Lebens und der zeitweiligen Überwindung der menschlichen Endlichkeit dargestellt worden. Hier aber wird ein in der Liebe selbst liegender zerstörerischer Aspekt gezeigt. Sie kann alle anderen Kräfte des Menschen so stark binden, daß er bei einem Mißlingen seiner Liebe weder von ihr loskommen noch seine Kräfte auf andere wichtige Lebensbereiche konzentrieren kann, sondern anfängt, sich selbst zu zerstören.

Literatur:
Copley, F. O.: Emotional Conflict and its Significance in the Lesbia-Poems of Catullus: AJPh 70, 1949, 31—33.

c. 76

Gliederung:

1— 8: Illusion der Freuden aus der Erinnerung. Das zerstörte
oder einseitige Klientelverhältnis.

1— 4: Voraussetzung.	4	⎫	
5— 6: Folgerung.	2	⎬ 8 Verse	
7— 8: Begründung.	2	⎭	

9—16: Die Realität und Aufforderung zum Entschluß.

         9: Konfrontation der Realität.   1 ⎫

    10—12: Aufforderung zum Entschluß.   3 ⎬ 8 Verse

      13: Schilderung der Schwierigkeiten.   1 ⎪

    14—16: Begründung der Notwendigkeit des Entschlusses.   3 ⎭

17—26: Gebet an die Götter.

    17—18: Anrede.   2 ⎫

    19—20: Bitte.   2 ⎪

    21—22: Schilderung der Krankheit.   2 ⎬ 10 Verse

    23—25: Erläuterung der Bitte.   3 ⎪

      26: Wiederholung der Bitte.   1 ⎭

Interpretation:

Das Gedicht 76 hat zu weitreichenden philosophischen Deutungen Anlaß gegeben. Die hier versuchte Darstellung beschränkt sich wie bei den meisten anderen Gedichten auf eine Werkinterpretation, einen Vergleich und eine Ein-
ordnung des Gedichtes in das Thema eines Catull-Kurses.

Das Gedicht beginnt mit einer weit ausholenden Überlegung im Wenn-Dann-
Schema. Catull spricht sich selbst an (vgl. v. 5). Die Überlegung bewegt sich
zunächst (vv. 1—5) ganz in den Begriffen und Denkweisen des Klientelwesens
(*benefacta, fidem, foedere*), stellt dieses aber auch schon in den Bereich göttlicher Kontrolle und entsprechenden menschlichen Wohlverhaltens (*pium,
sanctam, divum numine*). Gleichzeitig wird klargemacht, daß es sich um
einen Rückblick handelt (*recordanti, priora cum cogitat* mit Infinitiven der
Dauer und der Vorzeitigkeit). Erst in Zeile 6 wird nach dem langen reflek-
tierenden Anlauf überraschend klar, daß Catull von seiner Liebe (*hoc amore*)
spricht, auf sie die Verhältnisse des Vertragsrechts und des Klientelwesens
übertragen hat und die Einhaltung der dafür geltenden Regeln auf der Seite
des Vertragspartners gestört sieht (*ingrato*).

Das Klientelwesen läßt sich in einer Erklärung und in einem Bild wie Beiheft
76 B 1 veranschaulichen. Die Störung oder Zerstörung dieses Verhältnisses
kann in einem analog angelegten, aber nicht zu Ende geführten Bild veran-
schaulicht werden:

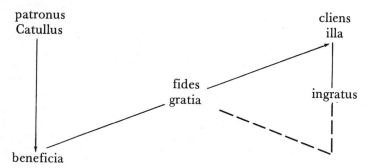

keine Reziprozität, sondern Einseitigkeit

Nachdem Catull die Lauterkeit seiner Gefühle und Absichten und die Einseitigkeit der Treue in seiner Liebe gezeigt hat und in seinem Gedankenexperi-
ment aus der Erinnerung an stete Treue und Leistung seelische Freuden

(*gaudia* 6) in einem langen weiteren Leben (*in longa aetate* 5) gefolgert hat, begründet er zunächst seine Behauptung, er habe *benefacta* erbracht. In den Versen 7—8 stellt er in erschöpfender und wiederholender Ausdrucksweise fest, daß er alle erdenklichen Leistungen in Wort und Tat erbracht hat. Dabei stellt er zunächst den allgemeinen Fall dar (*homines, cuiquam*), dann seinen eigenen (*a te*), wobei er den Adressaten nicht nennt. Ebenso hat er vorher wohl sich selbst (*Catulle* 5, *tibi* 6), nicht aber den Vertragspartner genannt. Der Vertragspartner wird zwar in den an sich reziproken Begriffen *fides* und *foedus* vorausgesetzt; entsprechend seinem tatsächlichen Verhalten, das keinerlei eigene Leistungen in das Vertragsverhältnis einbringt, wird er aber gleichsam als nicht existent hingestellt.

Im darauffolgenden Vers 9 fällt Catull ein Urteil über den Effekt seiner Leistungen und umschreibt dabei erstmals den Empfänger, wobei er den Vorwurf der Undankbarkeit wiederholt: *ingratae menti*. Hier korrigiert er die Hypothese des Anfangs. Seine vertrauensvoll investierten (*credita*) Leistungen haben sich nicht ausgezahlt und sind zunichte geworden (*perierunt*), die Erinnerung bringt keine Freuden in einem langen Leben.

Der folgende Abschnitt 10—16 beschreibt nun Konsequenzen (*quare*), die sich aus dem nüchtern festgestellten Tatbestand ergeben sollten. In einer Reihe von Fragen an die eigene Person (10—12) verwundert sich Catull, warum er noch nicht die vernünftig erscheinenden Konsequenzen gezogen hat. Der Hiat *iam amplius* 10 kann diese Verwunderung unterstreichen. Wieder umschreibt er den Vertragspartner, diesmal sogar als Ort, von dem man sich zurückziehen sollte (*istinc* 11). Wieder spricht er von den Göttern: er soll nicht gegen ihren Willen handeln; sie lassen sich offenbar nicht durch sein eingangs geschildertes Wohlverhalten festlegen, wünschen offenbar die Liebesbeziehung zwischen Catull und dem Vertragspartner nicht (*dis invitis* steht vor (*quin*) *desinis* und ist also darauf zu beziehen: ‚die Götter wollen das Verhältnis nicht, warum hörst du also nicht auf, es dennoch anzustreben?‘).

Wie im Gedicht 8 bezeichnet Catull sich als *miser*, sein Verhalten hat sich noch nicht auf die Situation, Lesbias Untreue und die mangelnde Unterstützung seiner Liebe durch die Götter, eingestellt. Wie in Gedicht 85 schildert er seinen Seelenzustand als Marterung am Kreuz, jetzt aber macht er sich selbst dafür verantwortlich (*excrucies* 10, Aktiv im Unterschied zu *excrucior* 85,2). Daher fordert er sich nun wiederholt auf, entschlossen (*animo offirmas*) ein Ende mit seiner Liebe zu machen. Die Vielzahl der Fragen und Aufforderungen zeigt, wieder wie in c. 8, wie schwer ihm dies fällt. Daß es schwierig ist, eine seit langer Zeit gewachsene und bestehende Liebe abrupt (*subito*) zu beenden (13), sieht er ebenso wie die Notwendigkeit, daß die Lösung vollzogen werden muß (14 f.); in der Lösung von Lesbia und zwar offenbar in einer sofortigen sieht er die einzige Rettung. Aber wie die Loslösung möglich werden soll, sieht er nicht, ja er versteigt sich zu der paradoxen Formulierung: *hoc facias, sive id non pote sive pote*, wobei bezeichnenderweise zuerst *non pote* gesagt wird, weil es die wahrscheinlichere Möglichkeit ist, während man normalerweise wohl eher die Reihenfolge *pote — non pote* erwartete.

Das abschließende Gebet an die Götter (17—26) ist Konsequenz aus dem im zweiten Abschnitt dargestellten Unvermögen, aus eigener Kraft die abrupte

Loslösung von der Liebe zu bewirken, und stellt der Hypothese und Illusion des ersten Abschnitts (1—8 bzw. 1—5) einen realistischen Wunsch gegenüber. Das Gebet zeigt die traditionellen Elemente seiner Form: Anruf (*o di*), Nennung des Aufgabenbereichs der Angerufenen (*si vestrum est misereri*), Berufung auf frühere Leistungen der Götter (*aut si tulistis opem*), Bitte um Zuwendung (*me aspicite*), verbunden mit einer mitleidbewirkenden Bezeichnung der eigenen Person (*miserum*), Verweis — in kondizionaler Form — auf eigenes Wohlverhalten (*si vitam puriter egi*, mit der archaischen Adverbform *puriter*), die eigentliche Bitte (*eripite ...*), Erläuterungen und Begründungen zur Bitte (*quae ... morbum* 21—25), erneute Anrufung, erneute Bitte, erneuter Hinweis auf das eigene Wohlverhalten (26). Catull bittet in diesem Gebet darum, die Götter mögen ihn von dem Übel der heillosen, unerwiderten Liebe befreien. Wieder umschreibt er die Geliebte (*illa* 23), die zur ,Unperson' wird. Auch seine Liebe umschreibt er nun, beschreibt sie als tief eingewurzelte Krankheit, als Seuche, die seinen ganzen Körper erfaßt und auf seine Gesamtpersönlichkeit Wirkungen ausgeübt hat (*expulit ... laetitias*). Sie muß ausgerissen werden (20). Er ist in seinen Wünschen bescheiden geworden — gegenüber der Illusion der Verse 1—6 und erst recht gegenüber seinem Verlangen nach einer Geliebten, die sich nur auf ihn ausrichtet (23 f.).

Motive aus anderen Gedichten erscheinen in neuem Licht. War es in c. 51 der überwältigende Anblick Lesbias, der seine Sinne erstarren ließ (*lingua ... torpet, tenuis sub artus flamma demanat* 51,9—10), so ergreift hier die Seuche der Verfallenheit sein Inneres (*subrepens imos ut torpor in artus*). War in c. 5 die Liebe eine Möglichkeit, das Leben zu intensivieren und ein Stück Göttlichkeit zu erringen, so ist hier die unerwidert Liebe Ursache für eine Verschlechterung des Lebens und dessen vorzeitiges Ende (vgl. *extremo, iam ipsa in morte* 18), und die von solcher Verfallenheit freien Götter stehen weit über dem leidenden Menschen.

Weiß Catull auch nicht, wie er dieser Liebe entzogen werden soll, es sei denn mit Hilfe der Götter, so weiß er jetzt doch über die Art der Liebe und über ihre Auswirkungen auf die eigene Person Bescheid, weiß vor allem, daß die Ursache seiner Persönlichkeitsspaltung, die er in den Gedichten 72, 75 und 85 geschildert hat, in ihm selbst, in seiner Unfähigkeit (vgl. 8, 9) liegt, sich von der Verfallenheit zu lösen (10—12). Der Ausgangspunkt ist ähnlich dem in Gedicht 8. Jedoch bleibt Gedicht 8 ganz im persönlichen Bereich und weitet diesen nicht aus auf gesellschaftliche und religiöse Bezüge. Auch ist in Gedicht 8 der Ausgang weniger eindeutig, während er in Gedicht 76 eindeutig Verzweiflung zeigt.

Literatur:

von Albrecht, M.: Catull, Carm. 76: Bekenntnisdichtung und Artistik, in: Römische Poesie. Texte und Interpretationen, Heidelberg 1977, 80—94.

Croce, B.: Catullo, carme 76, Critica 1940, 193—197.

Commager, S.: Notes on Some Poems of Catullus: HSPh 70, 1965, 95—98.

Gigante, M.: A Catullo c. 76, 5/6: Latomus 10, 1951, 137—142.

Henry, R. M.: *Pietas* and *fides* in Catullus: Hermathena 75, 1950, 63—68; 76, 1951, 48—57.

Hürfeld, H.: Catull carmen 76, Stundenbild einer Interpretation: Anregung 15, 1969, S. 240—243.

Khan, H. A.: Catullus 76: the Summing up: Athenaeum 46, 1968, 54—71.

Marmorale, E.: L'ultimo Catullo, Neapel 1952 (Kap. VIII.: *Una salus haec est.*).

Moritz, L. A.: *Difficile est longum subito deponere amorem:* G & R 15, 1968, 53—58.

Oksala, P.: *Fides* und *pietas* bei Catull: Arctos 2 (Mélanges Sundwall), 1958, 88—103.

Oksala, P.: *Adnotationes criticae ad Catulli carmina,* Helsinki 1965.

Pasoli, E.: Rapporti tra uomo e divinità in un carme di Catullo, c. 76, e in un canticum di Plauto: Atti dell' Accad. di Agricolt Scienze e Lett. di Verona, Ser. 6a, 1951/52, 159—162.

Pepe, L.: *Si vitam puriter egi.* Sul carme 76 di Catullo: GIF 3, 1950, 300—309.

Putnam, M. C. J.: Catullus 66. 75—88: CPh 55, 1960, 223—228.

Traina, A.: Catullo e gli dei. Il carme 76 nella critica più recente: Convivium N. S. 1, 1954, 358—368.

Wille, I.: Catulls Gedicht 76 als Spiegelbild seines Liebeserlebnisses und seiner Liebesdichtung: Altertum 10, 1964, 89—95.

Wiseman, T. P.: *Dis invitis:* a Note on Catullus and the Gods: Hommages à M. Renard, Brüssel 1969, t. I, 778—784 (Collection Latomus 101).

c. 83 und c. 92

Interpretation:

Die Gedichte 83 und 92 haben insofern eine ähnliche Thematik, als beide behaupten, wenn Lesbia auf Catull schimpfe, sei dies ein Zeichen dafür, daß sie ihn liebe. Aufgabe der Interpretation ist es aber, die gewichtigen Unterschiede beider Gedichte herauszuarbeiten. Sie liegen in der Gesprächssituation, in der Beteiligung des Sprechers, in der Zielrichtung und im gesamten Charakter der Gedichte.

In c. 83 wendet sich Catull mit einer tatsächlichen oder fiktiven Frage an den *vir* der Lesbia — ob dies ein anderer Freund oder der Ehemann ist, bleibe dahingestellt; er stellt fest, was Lesbia tut und wie der *vir* reagiert, schimpft ihn *mule* und führt ihm mit einer Hypothese und dann mit der Darstellung der Realität vor, daß Lesbias Schimpfen Zeichen ihrer Liebe zu Catull ist. Das Bezugsverfahren ist auf Lesbia allein bezogen. Der Konkurrent wird verspottet. Eine amüsante Nachahmung dieses Gedichtes hat E. Fabian geschrieben.

In c. 92 spricht Catull mit einem fiktiven Gegenüber, er verspottet niemanden, sondern setzt Lesbias und sein eigenes Verhalten in Parallele: beider Schimpfen auf den Partner läßt auf Liebe schließen. Ob diese Parallelität auch bedeutet, daß sich die Partner finden, bleibt offen.

In Lessings Bearbeitung dieses Motivs macht die Überschrift eine positive Fortsetzung klar: ‚Die Vorspiele der Versöhnung'. Catulls Gedichte unterscheiden sich von den Nachbildungen durch die Kürze und die größere epigrammatische Zuspitzung.

Tafelbilder zur Texterschließung und Interpretation sowie zum Vergleich von Catull c. 83 und 92

1) c. 83

	LESBIA	PRAESENTE VIRO		MI
tatsächliche oder fiktive Frage an den vir	mala plurima dicit	maxima laetitia nihil sentis?	illi fatuo mule	{ urteilt über den vir
irreale Annahme	si nostri oblita taceret, sana esset	– – – – – – – – – – – – – – – – →		nostri
reale Situation	nunc gannit et obloquitur	――――――――――→		{ urteilt über Lesbia
	meminit irata est	――――――――――→		
	uritur loquitur	――――――――――→		

2) c. 92

	LESBIA			(EGO)	
quo signo? Frage an fiktives Gegenüber	mi dicit semper male nec tacet umquam de me	} totidem signa Identische Ausgangsbasis	{ deprecor illam assidue		urteilt über Lesbia
	disperam, nisi me amat	Identische Folgerung	disperam, nisi amo		urteilt über sich

3) Vergleich c. 83 und c. 92

	c. 83	c. 92
AUSGANGS-PUNKT:	Lesbia schimpft vor einem vir über C.	Lesbia schimpft über C.
VERLAUF:	C. urteilt zunächst abfällig über den vir – an den er sich wahrscheinlich fiktiv wendet; dann ist vom vir nicht mehr die Rede, es geht um Lesbias Verhältnis zu C.: aus dem Schimpfen wird auf Begehren geschlossen.	C. urteilt sofort über Lesbia; er schließt aus ihrem Schimpfen auf Liebe. Auf die angenommene Frage eines fiktiven Gegenübers zeigt er Parallelen in seiner eigenen Person, die ihn zum Urteil ,Lesbia liebt' berechtigen.
BEZUG DES SCHLUSS-VERFAHRENS:	auf Lesbia allein bezogen	auf Lesbia und Catull bezogen
ZIEL, ERGEBNIS:	1) Die mangelnde Sensibilität des vir wird verspottet. 2) Aus Lesbias Schimpfen läßt sich schließen, daß sie C. begehrt.	1) Aus Lesbias Schimpfen schließt C., daß sie ihn liebt. 2) C. zeigt, daß es ihm genauso ergeht.
CHARAKTER:	heiter, spöttisch, Angriff auf einen Kokurrenten	ernster, jedoch stimmungsmäßige Mittellage mit zwei Fortsetzungsmöglichkeiten: – wir verfehlen uns, – wir finden uns (wieder).

Literatur:

Fehrle, E.: Zum 83. Gedicht des Catull: PhW 53, 1933, 445.
Garrod, H. W.: ,Mule nihil sentis' (Catullus 88,3): CR 33, 1919, 67–68.

Herescu, N. I.: Les médisances des Lesbie: Latomus 5, 1950, 31—33.
Zarker, J. W.: Mule, nihil sentis (Catullus 83 and 17): CJ 64, 1969, 172—177.

c. 84

C. 84 ist in die Textauswahl aufgenommen als Beispiel für Catulls Spott ohne
sexuelle Anzüglichkeiten. Es kann auch dazu dienen, Schüler auf die richtige
und klangvolle Aussprache des Lateinischen und auf Catulls kritische Haltung gegenüber nachlässigem Umgang mit Sprache und Aussprache aufmerksam zu machen. Schließlich dienen das Gedicht und die Zusatzmaterialien im
Arbeitskommentar einem besseren Verständnis des metrischen Anhangs.
Aufbau und Witz des Gedichts sind klar ersichtlich:

- 1— 4: Zustandsschilderung: die falsche h-Aussprache des Arrius, mit spöt-
  tischer Darstellung, wie viel er sich darauf einbildet.
- 5— 6: Sprachsoziologische Betrachtung mit einer Art ‚Sippenhaftung‘.
- 7— 9: Übertriebene Schilderung, daß sich aller Ohren nach des Arrius
  Abreise erholen und sich alle in Sicherheit vor weiteren Attacken
  wiegen.
- 10—12: Ein noch stärkerer Sturm trifft sie. Dabei wird der Wortwitz zum
  Sachwitz, des Arrius falsche Aussprache macht aus dem Ionischen
  Meer ein Sturmmeer.

Literatur:

Einarson, B.: On Catullus 84: CPh 61, 1966, 187—188.
Frank, T.: Arrius, Catullus c. 84 and Lucilius Hirrus, in: Raccolta di scritti in onore di F.
  Ramorino, Mailand 1927, 157—160.
Glücklich, H.-J.: Korrekte Aussprache des Lateinischen — ein Lernziel?: AU XIX/4, 1976,
  108—111.
Jones, D. M.: Catulli nobile epigramma (Carm. LXXXIV): Proceedings of the Classical
  Association (London) 53, 1956, 25—26.
Kerény, K.: Catullianum: Mühley 2, 1938, 79—80.
Ramage, E. S.: Note on Catullus' Arrius: CPh 54, 1959, 44—45.
Rosén, H. B.: Arrius' Speech again (Catullus 84): Mnemosyne 14, 1961, 224—232.
Schuster, M.: Der Redner Arrius: PhW 50, 1930, 1004—1006.
Sturtevant, E. H.: The Pronunciation of Greek and Latin, Philadelphie 1940, reprogr.
  Nachdr. Groningen 1968.

c. 85

Interpretation:

Das Epigramm c. 85 beschreibt den in den Gedichten 8, 72 und 75 dargestellten Zustand in einem noch weiter fortgeschrittenen Stadium als Dauer-
zustand. Auch die Abneigung ist jetzt affektiv und sie ist zu Haß geworden.
Der Zwiespalt ist vollständig. Der Sprecher kann sich nicht gegen ihn wehren,
sondern muß hinnehmen, daß sich diese Entwicklung an ihm vollzieht, dieser
Zustand sich in ihn einnistet: *quare id faciam* nimmt er als Frage eines ge-

dachten Gegenübers an, *fieri sentio* antwortet er. Eine Ursache weiß der Sprecher hier im Zustand der Persönlichkeitsspaltung nicht zu nennen, wohl aber das Ergebnis: eine langsame Hinrichtung wie beim Kreuzigungstod (*excrucior*). Das Epigramm nähert sich mit diesem Ablauf von Behauptung, Frage und Antwort wieder der ursprünglichen Form des Grabepigramms. Das Fehlen von Substantiven, das Vorherrschen von Verben, bei denen ja im Lateinischen das Lexem, d. h. die Sache, immer den Morphemen, d. h. den Kennzeichnungen nach Person, Zeit, Modus und Diathese, vorangeht, und schließlich die Oppositionen *odi — amo, faciam — fieri, nescio — sentio* machen das Gedicht seit je zu einem Paradebeispiel für Unübersetzbarkeit, für Übersetzungsprobleme, insbesondere das der Sinn- und Wirkungsveränderung, für den Vergleich von Übersetzung und Original und für den Vergleich mehrerer Übersetzungen. Weinrich hat diese Vergleiche detailliert vorgenommen.

Im Unterricht werden die sprachlichen Eigenarten des Gedichts 85 und ihre Deutung herauszuarbeiten sein. Nach der Interpretation können das Original und eine oder mehrere Übersetzungen verglichen werden, beispielsweise nach dem Muster der Aufstellung 85 B 2 des Kommentars.

Literatur:

Bishop, J. D.: Catullus 85, Structure, Hellenistic Parallels, and the Topos: Latomus 30, 1971, 633—642.

Commager, S.: Notes on Some Poems of Catullus: HSPh 70, 1965, 92—94.

Greig, C. (Hg.): Experiments: Nine Essays on Catullus for Teachers, Cambridge 1970, 54—56.

Jäkel, W.: Methodik des altsprachlichen Unterrichts, Heidelberg [2]1966, S. 146—151.

Weinreich, O.: Die Distichen des Catull, Tübingen 1926, reprograf. Nachdr. Darmstadt 1964, 32—83.

---

c. 86

Vgl. zu c. 43.

---

c. 87

Interpretation:

In Gedicht 87 stellt ein Sprecher betrachtend und rückblickend die immer noch bestehende Einzigartigkeit seiner Liebe in zwei Sätzen dar, die parallel gebaut sind, aber verschiedene Bezugssysteme zeigen: Im ersten Distichon wird die Liebe zu Lesbia über die Liebe gestellt, von der andere Frauen sprechen könnten. Im zweiten Distichon wird seine Treue in der Liebe zu Lesbia im konstatierenden Perfekt über die Treue in allen jemals geschlossenen Verträgen gestellt. Damit wird Catulls Liebe an römischen Vertragsverhältnissen, insbesondere an Eheverträgen, gemessen und gleichzeitig deren Unvergleichlichkeit hervorgehoben. Die Intensität der Liebe zeigt die Wiederholung *tantum — quantum, tanta — quanta.* Den Ausschließlichkeitscharakter und die Einzigartigkeit zeigen die Anapher von *nulla*, die Verwendung des affirmativen Adverbs *vere,* die Verwendung der generalisierenden Wörter *ullo, um-quam.* Die Einseitigkeit der Liebesbeziehung wird dadurch gezeigt, daß Lesbia (2) und der *amor* (4) als Zentrum Subjekte, die Verbalinformationen aber passivisch sind.

Trotz der Parallelen unterscheiden sich das erste und das zweite Distichon. Im ersten Distichon trifft Catull eine Feststellung im eigenen Namen; im zweiten Distichon zitiert er das Ergebnis einer Untersuchung (*reperta*) und macht damit seine Behauptung gültiger. Den Fortschritt zeigt auch die verschiedenartige Bedeutung des wiederholten, am Versende stehenden *mea est* (2 und 4). Während *mea* in Vers 2 Nominativ ist und die zentrale Stellung Lesbias in Catulls Leben ausdrückt, ist es in Vers 4 Ablativ und betont, daß die große Treue nur auf Catulls Seite festgestellt worden ist.

Das Epigramm bringt somit in zwei äußerlich ähnlichen Sätzen zwei verschiedene Aussagen, von denen die zweite überrascht und der ersten eine Wendung ins Pessimistische gibt. Die erste hebt ja die Intensität der Liebe Catulls hervor und könnte ein Glücksgefühl ausdrücken, die zweite aber hebt die Einseitigkeit der Liebe hervor und zwar präzis erst im letzten Wort *mea est.* Mit dem Gedicht 76 hat c. 87 somit die Betonung der Einseitigkeit und den Vergleich mit dem *foedus* gemeinsam; es fehlt ihm jedoch der Rekurs auf die Götter und die Darstellung der Schwierigkeit, sich von der einseitigen Liebe zu lösen. Während die Begriffe des Klientelwesens in c. 76 einen Kontrast zur Wirklichkeit seiner Liebe herstellen, zeigen sie in c. 87 seine Auffassung von der Liebe. C. 76 ist ein Notschrei in tiefer Verzweiflung, c. 87 ein resignierter Rückblick.

Literatur:

Copley, F. O.: Emotional Conflict and its Significance in the Lesbia-Poems of Catullus: AJPh 70, 1949, 26—27.

Horváth, I. K.: Amor und amicitia bei Catull. Amor/adulterium — amicitia: Acta Antiqua Hung. 9, 1961, 71—97.

---

c. 92

Vgl. c. 83.

---

c. 93

C. 93 lebt von einer gemeinen Doppeldeutigkeit. Zunächst einmal setzt es Caesars Verwunderung voraus, ob es denn Catull gar nichts ausmache, seinen Unwillen hervorzurufen, und Caesars Aufforderung, ihn doch erst einmal richtig kennenzulernen. Da antwortet Catull stolz, Caesar zu gefallen sei nicht Zentrum seines Interesses und er wolle von Caesar nichts wissen. Beides ist jedoch nicht als entschiedene Kampfansage formuliert, sondern im Ton der Gleichgültigkeit, der Caesar auf ein Normalmaß reduzieren will: *nil nimium studeo,* das ist so viel wie ‚ich bemühe mich nicht darum, aber ich bemühe mich auch nicht eigens und bewußt nicht darum‘; *utrum sis albus an ater homo*, das ist so viel wie ‚gar nichts, auch keine Äußerlichkeit will ich wissen'. Hinter *placere, albus, ater* kann aber auch noch eine bösartige Anspielung homosexueller Art stecken: Catull will Caesars Zuneigung nicht und hütet sich vor seiner körperlichen Nähe. Nach Caesars vorauszusetzender entgegenkommender Haltung — Thornton Wilder hat sie in seinen ‚Iden des März' besonders im Brief VIII ausführlich geschildert, Sueton Div. Iul. 73 bietet die Grundlage — ist diese Antwort zwar für radikale Caesargegner ein Grund zum Jubel. Sie zeugt aber von mangelndem Umgangsstil und mangelnder Menschlichkeit. Catull kann gegenüber Caesar von seinem Schema nicht wegfinden und vermeidet die Auseinandersetzung mit Caesars widersprüchlichem Charakter und mit seiner Begabung.

Literatur:

Weinreich, O. Die Distichen des Catull, Tübingen 1926, reprograf. Nachdr. Darmstadt 1964, 16—21.

c. 96

Gliederung:

1—4:   Voraussetzung für Catulls Trost und Motiv der Erinnerung und Trauer.
5—6:   Wirkung der Liebe des Calvus.

Interpretation:

Der Trost, den Catull Calvus in dessen Trauer über den Tod seiner Frau spendet, ist vorsichtig und dadurch umso ermutigender formuliert. Der Trauer wird ein Sinn gegeben. Catull beginnt mit einer Einschränkung und Voraussetzung (1—2): Die Trauer der Lebenden dringt ins stumme Grab. Eine Reaktion der Toten ist also nicht zu erwarten, ein Beweis, daß Trauer die Toten erreicht, nicht zu erlangen. Aber die Sehnsucht nach dieser Reaktion, die Hoffnung, den Toten zu erreichen (*quo desiderio*), ist Motiv der Erinnerung und der Trauer. Catull geht nun auf dieses auch Calvus leitende Motiv ein und bezeugt Calvus, daß er — die Voraussetzung als geltend angenommen — sein Ziel besonders gut erreicht: Seine verstorbene Frau werde nämlich dann nicht so sehr über ihren frühen Tod Schmerz, als vielmehr über die Liebe ihres Mannes innere Befriedigung und Freude (*gaudium*) empfinden. Er zeigt damit, daß des Calvus Liebe über den Tod seiner Frau andauert, ein Mensch zwar physisch seine Grenze und sein Ende hat, aber über diese Grenze hinaus bei den Lebenden wirkt und in ihnen Aktivitäten des Denkens und Empfindens bewirkt. Die Liebe ist in diesem Sinne also tatsächlich eine Überwindung der menschlichen Endlichkeit (vgl. c. 5, c. 7), und Calvus wird Erfüllung der höchsten Form der Liebe zugesprochen, der gegenüber das Physische, auch das physische Ende, weniger wichtig wird. Sollte Catull in seinem Gedicht auch noch auf eine Dichtung des Calvus angespielt haben (ein erhaltener Vers — Fragmenta poetarum Latinorum, ed. Morel S. 86, Nr. 16 — lautet: *forsitan hoc etiam gaudeat ipsa cinis*), dann würde Catull hier eine vorsichtige Antwort auf den Wunsch oder die Vermutung des Calvus geben und gleichzeitig zeigen, daß die Liebe in ihrem dauernden

Aspekt in einer dauernden Dichtung Ausdruck findet. In c. 101 ist Catull skeptischer, er muß dort niemanden außer sich selbst Trost spenden, und es geht nicht um Dichtung.

Literatur:

Davis, J. T.: Quo desiderio: the Structure of Catullus 96: Hermes 99, 1971, 297—302.
Fraenkel, E.: Catulls Trostgedicht für Calvus: WSt 69, 1956, 278—288.
Tränkle, H.: Neoterische Kleinigkeiten: MH 24, 1967, 87—103.

---

c. 99

Gliederung:

1— 2:	Ausgangssituation: Catull hat Iuventius einen Kuß geraubt.
3—14:	Die Folgen: Marter und Erniedrigung.
	3— 4: Allgemeine Schilderung: Catulls Marterung.
	5— 6: Seine Entschuldigung mindert die Hartherzigkeit des Iuventius nicht.
	7—10: Iuventius säubert sich dezidiert.
	11—12: Iuventius äußert sich feindselig.
	13—14: Der süße Kuß wird Catull bitter.
15—16:	Catull gelobt, ihm niemals mehr einen Kuß zu rauben.

Interpretation:

Im Gegensatz zu c. 48 schildert das Gedicht 99 kein erträumtes, sondern ein reales vergangenes Geschehen im erzählenden Perfekt; am Schluß wird daraus eine Lehre gezogen, die den geschilderten Vorgang im Präsens zusammenfaßt (*proponis* 15) und eine Folgerung im Futur ankündigt (*surripiam* 16). Wieder ist Iuventius angesprochen, jetzt hat er selbst das Attribut *mellitus*, nicht mehr nur seine Augen. Die göttliche Süße, die von einem geliebten Wesen ausgeht und den Liebhaber total erfüllt und verändert, ist mit jedem nur möglichen Ausdruck dargestellt: Iuventius selbst ist die Steigerung ‚honigsüß‘ beigelegt, für den geraubten Kuß ist das Wort *suaviolum* gewählt, das an *suavis* und damit an den Zustand angenehmen Wohlbehagens erinnert, der Kuß wird als süßer als die ohnehin süße Götternahrung (*dulci dulcius ambrosia*) bezeichnet. Die darauf geschilderte Reaktion des Iuventius könnte man vielleicht als natürlich ansehen. Jedoch ist die von Catull geschilderte lange Prozedur, in der sich Iuventius von der Berührung Catulls reinigt, eine besonders harte Abweisung. Das machen die verwendeten Ausdrücke vollends deutlich. Sie entstammen dem aus Catulls und zum Beispiel Properzens Gedichten bekannten Vokabular der Liebesdichtung: der Geliebte ist, wie sonst die Geliebte, als Herr geschildert, der gegen den Abhängigen vorgeht (*saevitia* 6, vgl. z. B. später Properz I 3,18; Catull hat c. 60 eine ähnliche Metaphorik; *saevitia* kommt bei Catull 99,6, *saevus* neunmal und nur in der Grundbedeutung ‚grausam‘ in Verbindung mit Ungeheuern und Naturgewalten u. ä. vor; die gesamten Belegstellen sind: 26,3; 64, 101, 110, 159, 169, 203; 66, 65 und 103, 2 und 4); möglicherweise ist auch das bei *saevitiae* stehende Attribut *vestrae* eine ‚herrschaftliche‘ Steigerung zu *tuae* (Quinn, Kommentar, S. 438, paraphrasiert hingegen *vestrae saevitiae* mit ‚that *saevitia* which is characteristic of young men like you‘). Der Liebhaber fleht und weint (5), kann die Situation nicht ändern, will es aber zunächst und ist daher *miser* (11) und fühlt sich einem feindlichen Amor ausgeliefert wie Properz in seiner ersten Elegie I 1. Der Zustand des Liebhabers wird wie in den Gedichten 76 und 85 (angedeutet in 72 und 75) als eine langsame Marterung am Kreuz bezeichnet (99,4 und 12), und in gesteigerter Selbsterniedrigung vergleicht er das Verhalten des Iuventius mit dem Ekel vor dem Mund einer Hure, der vom Samen vieler Kunden befleckt ist (10). Die Akribie, mit der Iuventius die Reinigung vollzieht, wird mehrfach betont (*amplius horam* 3, *multis guttis,* di*luta* 7, **omnibus** *articulis* 8, *quicquam* 9) und zeigt die Totalität der Abweisung und der Erniedrigung Catulls. Das Ergebnis wird in einer Abwandlung des Verses 2 und mit Rückverweis auf ihn in den Versen 13–14 dargestellt: *ut mi ex ambrosia mutatum iam foret illud/suaviolum tristi tristius elleboro.*

Die Spur der unerwünschten Annäherung Catulls will Iuventius selbstverständlich auslöschen. Aber Catull tut so, als beobachtete er diesen Löschungsversuch und müßte darunter leiden. In seinen Augen setzt der junge Iuventius sein Selbstbewußtsein mit einer besonders erniedrigenden Behandlung dessen gleich, der einen unerwünschten Annäherungsversuch gemacht hat. Das verrät Unreife und Mangel an Takt. Und dem Sprecher des Gedichts scheint, wie das letzte Distichon zeigt, als Folge davon der Verzicht auf künftige Küsse – und damit auch auf Iuventius – nicht schwerzufallen. Das Verhalten des Iuventius hat nicht nur den Kuß verwandelt (2–14), sondern auch im Sprecher einen Wandel, nämlich die Erkenntnis bewirkt, daß Iuventius seine Liebe verschmäht oder sogar nicht wert ist. Der Eros ist erloschen. Die Lösung vom *miser amor* ist leichter und schneller möglich gewesen als dem Sprecher der Gedichte 8, 76, 72, 75, 85, zu einer Zerrissenheit kommt es im Verhältnis zu Iuventius nicht.

Literatur:

Khan, H. A.: Catullus 99 and the other Kiss-Poems: Latomus 26, 1967, 609–618.
Richardson, L.: Furi et Aureli, comites Catulli: CPh 58, 1963, 95–96.

---

c. 101

Interpretation:

Catull spricht seinen verstorbenen Bruder an dessen Grab fern von Rom an – in der Troas (Kleinasien), wie man aus c. 65,7 weiß, also wohl auf seiner Reise nach Bithynien im Gefolge des Propraetors Memmius 57 v. Chr. Namen sind aber keine genannt, und so erhält das Gedicht einen größeren Allgemeinheitsgrad. Schon die Szene an sich ist gespenstisch und einmalig: plötzlich das Grab des Bruders zu sehen und zu wissen, daß dies das erste und das letzte Mal sein wird. So ist in der ersten Zeile der weite räumliche Abstand inhaltlich und formal (Anapher *multas, multa,* Sperrung dieser Attribute von ihrem Bezugswort und dadurch betonte Voranstellung) hervorgehoben und in der letzten Zeile der weite zeitliche Abstand als ewige Trennung.

Die Schwere des Unglücks, das dem Bruder den Tod, Catull die ewige Trennung von ihm und Trauer gebracht hat, wird vielfach hervorgehoben: *miseras ... ad inferias* (2), *mutam ... cinerem* (4), *nequiquam alloquerer* (4), *fortuna mihi tete abstulit* (5), *miser frater* (6), *indigne adempte mihi* (6), *tristi munere* (8), *multum manantia fletu* (9). Daß alles menschliche Trauern, Reden und Ehren des Toten ihn nicht wieder ins Leben ruft, wird deutlich gemacht (v. 4, 5, 10); daß es dennoch menschlich ist, zu trauern und ganz gegen wissenschaftliche Einsicht oder eine endgültige Schicksalsentscheidung doch die Trennung vom Toten zu überwinden zu versuchen, zeigt Catull mehrfach: er kommt zum Grab, um den Toten anzusprechen, obwohl er die Vergeblichkeit des Tuns vorher weiß (1—4); es ist eine Ersatzhandlung (*alloquerer cinerem, quandoquidem fortuna mihi tete abstulit ipsum* 4—5); er folgt einer alten Sitte, die ja Ausdruck menschlicher Würde ist (7—8); und so spricht er seinen toten Bruder umso häufiger an (2, 6, 10).

Hoffnung auf ein Weiterleben der Toten zeigt sich nicht — *interea* v. 7 wird man nicht als ,für die Zwischenzeit bis zum Wiedersehen' auffassen dürfen, zumal v. 10 das Gegenteil ausdrückt, sondern im Sinne von ,wenigstens' wie in c. 36,18. So ist Catulls Gedicht Ausdruck der Trauer und der Gefaßtheit zugleich. Für den Liebesdichter Catull und für seine Auffassung von der Liebe wird durch c. 101 nachträglich deutlich, welch zentraler Punkt seiner Lebensauffassung die Hoffnung auf zeitweilige Überwindung der Endlichkeit in der Liebe (c. 5) darstellt, was seine Hoffnung auf eine Ewigkeit der Verbindung in einer sonst nicht vom Jenseitsglauben geprägten Welt bedeutet (c. 87) und wie tief die Resignation des Gedichtes 76 mit seiner Unterwerfung unter die Götter und der Bitte um Befreiung von der Liebe ist.

Literatur:

Robinson, C. E.: Multas per gentes: G & R 12, 1965, 62—63.
Wilsing, N.: Die Praxis des Lateinunterrichts, Teil II: Probleme der Lektüre, Stuttgart ²1964, S. 149.

---

c. 107

Gliederung:

1—2:   Allgemeine Regel, wann sich ein liebender Mann besonders freut.
3—4:   Anwendung der Regel auf Catulls Situation.
5—8:   Wiederholung und ausführliche Schilderung dieser Situation.

Interpretation:

In Gedicht 107 zeigen der Beginn mit einem Kondizionalsatz, der zudem eine o-Vokalisierung — verstärkt durch den Hiat *cupido optantique* — enthält, die vielen Wiederholungen (Rekurrenzen) und Umschreibungen (Paraphrasen), die nachträglich eine allgemeine Formulierung konkretisieren (*hoc est gratum — carius auro; te restituis — restituis — ipsa refers te*) und die langsam erfolgende Hinwendung von der eigenen Person (1—3) zu Lesbia (4—6a) und schließlich an eine unbegrenzte Öffentlichkeit (6b—8), daß es für den Sprecher eine unerwartete Überraschung und eine Beglückung ist, daß sich ihm Lesbia aus eigenem Antrieb wieder zuwendet, und daß er sich diese Situation erst selbst langsam ganz bewußt machen muß. Er schließt mit einer Rühmung seines Glücks vor aller Welt, indem er es zunächst in einem Ausruf preist und sodann herausfordernd fragt, wer glücklicher als er lebe.

Dieses Gedicht und die Gedichte 5 und 7 sind die einzigen, die einen glücklichen Catull in seiner Beziehung zu Lesbia schildern, aber bei *c. 5* und *c. 7* drohten fremder Haß und Gefahr von außen wie von dem Erleben eigenen Glücks. Hier in c. 107 gibt es keine Gefahr. Es schildert eine Beglückung, die gerade, weil sie unerhofft kommt, wirksam ist und gerade, weil sie nach leidvollen Erfahrungen kommt, nicht die Gefahr der Selbstüberschätzung mit sich bringt.

---

c. 109

Gliederung:

1—2: Feststellung, die Geliebte wünsche ewige Liebe.
3—6: Wunsch an die Götter, der Wunsch solle echt und der Liebesbund ewig sein.

Interpretation:

In Gedicht 109 wird die Situation, deren sich bewußt zu werden der Sprecher des Gedichts 107 so lange gebraucht hat, als gegeben angenommen und als das Versprechen eines *iucundus perpetuusque amor* (1/2) beschrieben. Die Geliebte wird anders als in c. 107 sofort angesprochen. Der Sprecher nennt sie auch *mea vita* und zeigt dadurch, was sie für ihn bedeutet. Er wendet sich nun aber sogleich an die Götter und wünscht von ihnen, die Geliebte solle fähig sein, in wahrhaftiger und aufrichtiger Gesinnung Versprechen zu geben. Dieser Wunsch nach Aufrichtigkeit wird seiner Wichtigkeit entsprechend mehrfach umschrieben (*vere, sincere, ex animo*). Anders als in c. 87 und auch als in c. 76 stellt er seine gesamte Liebe unter den Schutz der Götter. In c. 76 hat er nur seine Haltung als gottgefällig und die Treue als etwas den Göttern Unterstehendes bezeichnet (76,2—3). Seine Liebe insgesamt ist hier eine *sancta amicitia,* eine unter göttlichem Schutz stehende, die Partner verpflichtende Verbindung, und ein *aeternum foedus,* ein ewiger Vertrag im Unterschied zu weltlichen Verträgen. Der Ausdruck *aeternum foedus*, der zudem kunstvoll gesperrt und mit seinem ebenfalls gesperrten Genitiv-Attribut *sanctae amicitiae* durchsprengt ist, steigert noch den Wunsch der Zeile 5 *tota perducere vita* und macht den Totalitäts- und Ewigkeitsanspruch der Catullischen Liebe und seine metaphysische Deutung der Liebe deutlich. Durch beides unterscheidet er sich nicht nur von Lesbias Auffassung, die ihm hier eine innere Erfüllung (*iucundum*) und einen Schutz vor Unterbrechungen (*perpetuum* im Unterschied zur absoluten Ewigkeit des *aeternum*) angeboten hat, sondern auch von dem, was Eheschließung in seiner Zeit bedeutete.

Literatur:

Copley, F. O.: Emotional Conflict and its Significance in the Lesbian-Poems of Catullus: AJPh 70, 1949, 24—26.

McGushin, P.: Catullus' sanctae foedus amicitiae: CPh 62, 1967, 85—93.

Schmidt, E. A.: Catull, Heidelberg 1985, 122—127.

Williams, G.: Some Aspects of Roman Marriage Ceremonies and Ideals: JRS 1958, 25.

CARL ORFFS CATULLI CARMINA

Carl Orffs berühmtestes Werk sind die ‚Carmina Burana‘, Vertonungen von ‚Freß-, Sauf- und Liebesliedern‘ aus der Benediktbeurener Handschrift des 13. Jahrhunderts. Es wurde 1937 in Frankfurt am Main uraufgeführt. Mit den ‚Carmina Burana‘ machte er seinen ganzheitlichen Kunstbegriff deutlich. Der homo ludens ist Ziel seiner Musik, der im geistigen und körperlichen Spiel sich verwirklichende Mensch. Auf ihn sollen Musik und Sprache, Gesang und tänzerische Gebärde einwirken. Schauspiel, Tanz, Sprache und Gesang erfassen den ganzen Menschen, sprechen seine geistigen, seelischen und leiblichen, das heißt seine Bewegungsfähigkeiten, an, in Fremdwörtern: seine kognitiven, affektiven und motorischen Fähigkeiten. Ähnlich war für den antiken Griechen mousiké ($\mu o \upsilon \sigma \iota \kappa \acute{\eta}$) der Oberbegriff aller musischen und auch der meisten wissenschaftlichen Tätigkeiten.

In seinen Werken spielen antike und mittelalterliche Inhalte und Werke aus diesen Epochen eine bedeutende Rolle. Sie sind inhaltlich Modell einer umfassenden Leidenschaft, eines alle Lebensbereiche durchdringenden Geschehens, einer alle Lebensbereiche erfassenden Lebensauffassung. „Ich werde oft gefragt, warum ich meist alte Stoffe für meine Bühnenstücke wähle. Ich empfinde sie nicht als alt, nur als gültig. Das Zeitgebundene fällt, die geistige Kraft bleibt bestehen", sagt Orff.

In seinen ‚Catulli Carmina‘ von 1943 sind Catullische Liebesgedichte vertont. Sie sind aber zu einem dramatischen Spiel zusammengestellt, und dieses ist seinerseits in eine Rahmenhandlung eingebettet, durch die es deutlich als Exempel gekennzeichnet wird, ein freilich vergebliches Exempel.

‚Im Proszenium (der Vorderbühne) haben links die Jünglinge, rechts die Mädchen Platz genommen, in der Mitte die Greise.‘ Jungen und Mädchen sind völlig verliebt und verzückt: ‚Ewig Dein bin ich, Du mein Leben‘, rufen sie und zeigen ihre Liebe; ‚Küß mich‘, rufen die Mädchen, und die Paare genießen die Küsse. ‚Meine Göttin‘, sagen die Jungen, und ‚Wie bin ich glücklich‘, rufen die Mädchen. Und alle wieder: ‚Ewig, ewig‘. Da unterbrechen die Greise: ‚Lachhaftes Getu, blühender Unsinn‘. Alles vergehe, Sonne, Mond und auch die Liebestollheit, Zeit sei der Liebe nicht gegeben, alles sei treulos. Und als Warnung: *‚Audite, audite, audite ac videte: Catulli carmina, Catulli carmina, Catulli carmina‘.* Die Jungen und Mädchen, ‚aus der Verzückung erwachend‘: *‚Audiamus‘.*

Nun beginnt das Spiel auf der Hauptbühne. Die gesamte Szene kann man sich so vorstellen:

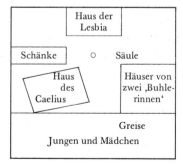

Die handelnden Personen agieren in einer ‚Tanzpantomime‘. Die Texte werden vom Chor, einige auch von Solisten gesungen.

85

I. Akt: Catull, der die männliche Hauptperson des Dramas ist (und auf den die Eigenschaften der Subjekte seiner Gedichte übertragen werden), lehnt an einer Säule und gibt zu erkennen, daß er über seine Gefühle verwirrt ist. Der Chor singt: *Odi et amo* ..., das Gedicht 85, bei Catull wohl das Ergebnis einer Persönlichkeitsstörung nach enttäuschter Liebe kennzeichnend, hier hingegen thematisch den Anfang bildend und an den Anfang als Ausdruck der Gefühlsverwirrung während einer Liebesbeziehung gestellt.

Lesbia tritt auf und das Bekenntnis zur Liebe als dem Ausgleich der Endlichkeit erklingt: *vivamus atque amemus* (c. 5). Beide setzen sich nieder, und Catull zeigt seine Verwirrung angesichts des Anblicks Lesbias: *ille mir par esse deo videtur* (c. 51). Nachdem der Chor die *otium*-Strophe gesungen hat, fällt Catull in Schlaf, Lesbia verläßt ihn und tanzt vor anderen Männern in der Schenke. Catull erwacht, erfaßt den Zusammenhang und klagt dem hinzukommenden Caelius sein Leid: *Caeli, Lesbia nostra ... glubit nepotes* (c. 58, anders gedeutet oben S. 62 f.). Die Schlußfolgerung: *Nulli se dicit mulier mea nubere malle* ... (c. 70). Dann gehen Catull und Caelius ab.

Hier greifen die Greise ein, sie können ihre Genugtuung über die letzte Aussage (c. 70) nicht verhehlen und sagen so dreimal: *placet, placet, placet, optime, optime, optime.*

II. Akt: Vor Lesbias Haus schläft Catull, er ist also von ihr ausgeschlossen. Im Traum sieht er sich mit Lesbia in Liebe zusammen: *iucundum, mea vita* (c. 109); hinzugesetzt ist mehrmals *dormi, dormi, dormi ancora* ‚Schlafe, schlafe, schlafe noch weiter‘, wobei sich der Charakter dieses Zusatzes vom Trost bis zur Resignation verändert. Dann sieht Catull statt seiner Caelius mit Lesbia zusammen und ist verzweifelt: *Desine de quoquam* ... (c. 73), das Gedicht ist hier also so interpretiert, daß Catull sich darüber beklagt, daß ihn sein Freund Caelius hintergangen habe, indem er sich an seine Geliebte herangewagt habe. Wieder applaudierten die Greise zu den resignierenden Äußerungen.

III. Akt: Catull steht wieder an der Säule, es ist Tag. Am Fenster eines Hauses erscheint die hübsche Ipsitilla. Catull schreibt ihr, ‚rasch entflammt‘, ein Briefchen: *Amabo, mea dulcis Ipsitilla* (c. 32). Aber dann stürzt sich begehrlich die reichlich verbrauchte Dirne Ameana auf ihn und Catull muß sie sich vom Leib halten: *Ameana, puella defututa* ... (c. 41). Als sie weg ist, ist er mit seinen Gedanken wieder ganz bei Lesbia. ‚Unter den vorübergehenden Liebhabern und ‚Buhlerinnen‘ (das meint käufliche Mädchen, wie man Schülern wohl sagen muß), sucht Catull immer und immer nur Lesbia‘: *Miser Catulle* ... (c. 8). Dann fällt er zu Boden. Lesbia kommt gerade mit Caelius, sieht den gestürzten Catull, ruft ‚Catulle‘. Catull erblickt sie, ruft ‚Lesbia‘ und stößt sie bitter zurück: *Nulla potest* ... (c. 87), *nunc est mens deducta* ... (c. 75). ‚Lesbia eilt verzweifelt in ihr Haus. Ende des Spiels auf der Szene‘.

Doch das Exempel der Catulli Carmina nützt nichts: ‚Die Jünglinge und Mädchen, die schon längst nicht mehr auf die Handlung geachtet haben, entbrennen von neuem in gegenseitiger Leidenschaft‘. Das ekstatische ‚ewig, ewig‘ des Anfangs erklingt, die Greise resignieren: *oime* (weh mir); die Jungen und Mädchen fordern einander auf, die Fackeln zu entzünden für die Feier der Venus und des Liebesbundes.

Es ergibt sich also die folgende Übersicht über Ablauf und Besetzung in den ‚Catulli Carmina'.
1. RAHMEN (vier Klaviere und Schlagzeug): Jungen, Mädchen, Greise.
2. MITTELTEIL (Chor, Solisten, a cappella, d. h. ohne Orchesterbegleitung):

I. Akt: Catull und Lesbia, Caelius

1	2	3	3	4	5
Odi et amo 85	Vivamus 5	Ille mi 51	otium 51	Caeli 58	Nulli se dicit 70
Chor	Solo+Chor	Solo	Chor	Solo	Solo+Chor

(Kommentar der Greise)

II. Akt: Catull, Lesbia und Caelius

6*	6	6	7
Iucundum 109	dormi	di magni 109	desine 73
Chor+Solo			Chor

* Genauer Aufbau: 109,1–2; dormi; 109,1; 109,3–6; 109,1–2; dormi; 109,1; dormi.
(Kommentar der Greise)

III. Akt: Catull, Ipsitilla, Ameana, Lesbia, Caelius

8	9	10	11	12	13
Odi et amo 85	Amabo 32	Ameana 41	Miser Catulle 8	Nulla potes 87	Nunc est 75
Chor	Solo	Solo+Chor	Chor	Solo+Chor	Solo+Chor

3. RAHMEN (vier Klaviere und Schlagzeug): Jungen, Mädchen, Greise.

Die musikalische Gestaltung läßt sich unter anderem mit den folgenden Gesichtspunkten beobachten:
(1) Wiederholungsreihen: Kleine Elemente werden vielfach wiederholt, z. T. in abgewandelter Form. Der Rhythmus wird so besonders deutlich und nicht durch Verzierungen verwischt.
(2) Einstimmigkeit (also keine Polyphonie): Wiederholungen und Einstimmigkeit sind Kennzeichen mittelalterlicher Musik, z. B. des gregorianischen Chorals. Auch die Psalmen des gregorianischen Chorals wollen inhaltlich und musikalisch durch die Wiederholung wirken. Bereits dort gibt es den auch von Orff verwendeten Trick, nach langen monophonen Reihen plötzlich einen abweichenden Ton zu bringen (vgl. schon zu Beginn der Catulli carmina die Abfolge bei *tui sum*).
(3) Logogene Melodik: Hier greift Orff auf die Anfänge der Oper zurück, z. B. auf Monteverdi (1567–1643) und Caccini (1550–1618), die ihrerseits in der Antike ihr Vorbild für dieses Ausgehen vom Wort (logos) sahen. Die Melodik entwickelt sich aus dem Sprachklang und soll mit dem Wort verschmelzen. Bei Orff wird dies besonders an Stellen deutlich, die ganz auf einem Ton rezitiert werden (*odi; vivamus*).

(4) Pathogene Melodik: Mit ihr soll gesteigertes Empfinden ausgedrückt werden. Viele Töne fallen auf eine Silbe (was in der Gregorianik Melisma heißt); ähnlich ist die Kolaraturarie. Jedoch beschränkt sich bei Orff die pathogene Melodik oft auf ein einzelnes Wort (z. B. auf *amo* in *odi et amo*).

(5) Orchegene Melodik: Die Bewegung ist dabei statt des Wortes Ausgangspunkt der musikalischen Gestaltung, insbesondere bei der Wiederholung eines bestimmten Rhythmus. Orff verwendet hier gern die Rhythmik bayerischer Tanzlieder: zwei unterschiedliche Rhythmen werden abwechselnd wiederholt (vergleiche die Gestaltung des *Dormi ancora*).

AUSGEWÄHLTE ÜBERGREIFENDE LITERATUR

1. Kommentierte Textausgaben

G. Friedrich, Leipzig, Berlin 1908.
W. Kroll, Stuttgart 1968.
C. J. Fordyce, Oxford 1961.
K. Quinn, London 1970.
G. P. Gould, London 1983.

2. Literatur

Bayet, J.: Catulle, la Gréce et Rome, in: Mélange de littérature latine, Rom 1967.
Ferrero, L.: Un' introduzione a Catullo, Turin 1955 (Università di Torino. Pubblicazioni della Facoltà di lettere e filosofia 7,2).
Ferguson, J.: Catullus, Lawrence (Kansas), 1985 (persönlich gehaltene Interpretationen).
Ferguson, J.: Catullus, Oxford 1988 (Greece & Rome. New Surveys in the Classics No. 20).
Granarolo, J.: L'oevre de Catulle. Aspects religieux et stylistiques, Paris 1967.
Havelock, E. A.: The Lyric Genius of Catullus, Oxford 1939, New York 1967.
Heine, R. (Hrsg.): Catull, Darmstadt 1975 (Wege der Forschung Bd. 308).
Heine, R.: Catull. Auswahl aus den Carmina, zusammengestellt und erläutert. Interpretationen, Frankfurt am Main 1970.
Heusch, H.: Das Archaische in der Sprache Catulls, Bonn 1954.
Levens, R. G. C.: Late Republican Poetry, 2. Catullus, in: Fifty Years of Classical Scholarship, Oxford ²1968, 357–386.
Lieberg. G.: Puella divina. Die Gestalt der göttlichen Geliebten bei Catull im Zusammenhang der antiken Dichtung, Amsterdam 1962.
Neudling, C. L.: A Prosopography to Catullus, Oxford 1955 (Iowa Studies in Classical Philology 12).
Offermann, H.: Das Stilmittel der Wiederholung in Catulls kleinen Gedichten: MH 33, 1976, 234–247.
Quinn, K.: Catullus. An Interpretation, London 1972.
Ross, D. O.: Style and Tradition in Catullus, Cambridge (Mass.) 1969.
Schaefer, E.: Das Verhältnis von Erlebnis und Kunstgestalt bei Catull: Wiesbaden 1966 (Hermes ES).
Schmidt, E. A.: Catull, Heidelberg 1985 (Heidelberger Studienhefte zur Altertumswissenschaft).
Schnelle, I.: Untersuchungen zu Catulls dichterischer Form, Leipzig 1933 (Philologus Suppl. XXV, 3).
Stoessl, F.: Catull als Epigrammatiker: WSt 70, 1957, 290–305.
Svennung, J.: Catulls Bildersprache, Uppsala 1945 (Uppsala Arskrift 1945, 3).
Syndikus, H. P.: Catull. Eine Interpretation. –
    Erster Teil. Einleitung. Die kleinen Gedichte (1–60), Darmstadt 1984 (Wege der Forschung, Bd. 46).